「食」情報インフルエンサーの教科書

フードアナリスト公式テキスト
4級副読本

日本フードアナリスト協会　理事長　横井裕之

徳間書店

はじめに

フードアナリスト協会設立前夜

「ミシュランが来る」

「ミシュランが日本のグルメ業界を席巻する」

　日本フードアナリスト協会の設立準備をしていた2004年前後には、出版業界からそんな噂が漏れ伝えられていました。ミシュランガイド来日の噂は、それから3年後の2007年11月、アジア初のミシュランガイドとして「ミシュランガイド東京」が発売したことで現実となりました。当時、証券会社で働いていた私は、クライアントから経営戦略の相談を受けて調査してレポートするという仕事を主にしていました。

　そんなある時、出版不況に悩んでいた出版社の社長さんから相談を受けました。その社長さんは、今後ネット媒体が発達するに従い、紙媒体である出版物が売れなくなることを憂い、出版業からネットメディア制作へのモデルチェンジを模索していました。ネットメディアで中心となるのは「グルメ情報」であり、近いうちに日本に上陸するミシュランを超えるレストランガイドブックを日本人の手で作ることはできないか、と。

　食べることは好きではあるものの、証券会社勤務の私には完全に畑違いの相談でしたが、2週間かけて私なりにレストランガイドブックを調査して分析し、20ページ程度の調査レポートを提出しました。レポートの骨子は、

　①グルメ情報の分野は、世界のグローバル化と多様化が進む中、今後最も有望なコンテンツ分野と予想されること。

　②レストランガイドブックには審査員のタイプによって大きく2つに分けられること。1つは「ミシュラン型」（欧州型）、もう1つは「ザガット・サーベイ型」（北米型）。

　③日本発でレストランガイドを出すなら「ミシュラン型」と「ザガット・サーベイ型」の折衷案。

　④書籍は年に1回発刊すると同時に、ネットメディアでリアルタイムに格付け評価を閲覧できる方式がよい。

　の4つでした。

従来のレストランガイドブックの欠点とは？

　①のグルメ分野については、ネットメディアが発達した現在も有望コンテンツです。その後、レストランを紹介して投稿コメントを掲載するネットメディアはたくさん出現しました。

　②「ミシュラン型」とは、レストランを評価する時、審査員はすべてレストラン業界のプロフェッ

ショナルに限定する方式。「東京ミシュラン」の場合、6名のプロ審査員が、星付きレストランを評価するため、1日に5〜6回、レストランで食事をすることもあります。6名はホテルのマネージャー経験者やレストランの支配人経験者などの業界のプロフェッショナルばかりです。噂では6名のうち日本人は2名、欧米人が4名とされていました。

　食の業界人（プロ）が格付け評価するのは安心感がありますが、レストランに実際にくるお客さんは業界人（プロ）ばかりではありません。それはグルメなお客さん目線での評価となります。欧米ではミシュランより専門家の評価の高いガイドブック「ゴ・エ・ミヨ」も、この方式です。業界の専門家だけが評価をすれば、専門性が高くなる分、評価の信頼性は高くなりますが、硬直的、権威伝統主義とされます。また本気で調査を実施すればコストがかさみます。

　一方、「ザガット・サーベイ」は、アメリカ発祥のガイドブックです。「料理」「内装」「サービス」を30点満点で採点します。ポイントは誰でも評価・投票ができる点です。当時は、『ザガット・サーベイ』を購入すると、中にハガキが入っていて、自分の好きな店と評価を記入して投函する方式でした。誰でも参加できる消費者の評価であり、評価されるお店側が少し頭を使えば格付け・評価を操作することは簡単です。当然、ステルスマーケティングが横行し、ザガット・サーベイ自体の評価も凋落し、2013年版を最後に日本から撤退しました。

　ステルスマーケティングについては、一般の消費者評価型のガイドブックの致命的弱点とされ、その後のネットにおけるグルメ投稿サイトでも繰り返し問題になっています。ステルスマーケティング問題は、フェイクニュースや陰謀論などに変容し、今でも世界を揺るがすトラブル源となっています。

　③欧州発で専門性の高くて気位の高い「ミシュラン型」や、アメリカのポピュリズムの「ザガット・サーベイ型」の真似をするだけでは、日本発でレストラン格付けガイドを始める意味がありません。世界に類のない日本の食文化を発信できる仕組みを考えなければいけません。ミシュランの専門性とザガット・サーベイの大衆性を両立させる評価方法を考え提案したのが、「フードアナリスト構想」でした。

日本の食文化は日本人が評価する

　ザガット・サーベイのように誰でも評価することを可能にしたら、一般のお客さんの評価は反映されますが、ステルスマーケティングに狙われます。逆にミシュランのように飲食業界の専門家に評価してもらえば、普段お店を利用する不特定多数のお客さんの評価は軽視されます。ミシュランの専門性を持ちながら、ザガット・サーベイのような大衆の意見を聞くシステムはできないか？

　そこで考えたのが、一般の食が好きな人たちを教育・研修し、検定試験を実施して「フードアナリスト」資格を認定するというシステムです。フードアナリストは資格ですから、合格後もプ

ログラムに従って再教育・再研修を繰り返しながら専門家に育っていきます。そうして育成したフードアナリストが、レストランや食材を評価する、という仕組みです。

大衆主義（ポピュリズム）のステルスマーケティングの罠も、「フードアナリスト倫理規定」や「行動規範」の中で厳とした「ファイアーウォール」を設けることで免れます。本書でも書きましたが、「フードアナリストは3親等以内の親族、姻族が関わった」企業のレストランや食材の評価はしてはいけません。また、お金をもらってコンサルティングをすることは関与に当たりますので、コンサル先については、「公的」に評価をすることは禁止しています。そしてフードアナリストは資格ですので、評価者は誰かを協会では把握できます。そのため、匿名による無責任な評価ではありません。もちろんコンサルティングで報酬を得ることや、個人として推奨する記事、広告記事として仕事を受けて書くのなら問題ありません。

④フードアナリストという消費者でありながら、専門性を持った食の専門家を資格制度化して、日本中のレストランや食材を評価する本を出版するというのが、元々の「フードアナリスト構想」でした。紙媒体の本は1年間のアクセスやコメントの総集編という意味で出版して、基本はリアルタイムで閲覧・評価・投稿ができるネットメディアを提案しました。

2004年という年は、資産バブル崩壊（1990年～）およびITバブル崩壊（2000年～）で日本経済が弱っている時代。日産自動車とルノーが資本提携してカルロスゴーンCEOが乗り込んできたのが1999年。2000年代は、外資系企業の日本企業買収が増えた時代でした。私の働いていた証券会社も2007年に外資系金融グループの傘下に入りました。北海道の山野や都心部の一等地のビルも中国や台湾、香港の投資家が買収したというニュースが連日、新聞を賑わせていました。

そんな時期に、ミシュランガイドが日本に上陸して日本のレストランを評価するという噂。歴史を振り返っても、日本人は欧米の"黒船"に弱いです。特にフランス文化には弱いといえるでしょう。このまま欧米の目で日本の食文化を審査されることに危機感を感じました。

水が豊富で清らかな土壌で育った日本の食文化は、独自に発達したもの。旬を食べる、素材を生かす、おもてなしの精神といった特徴がある、世界でも類を見ない食文化です。世界一の平均寿命を支えている一端も、ヘルシーな食文化が関係しています。

日本の食文化、レストラン、飲食店、食品、食材は、日本の食文化を周知している日本人がまず評価すべきだ、日本には日本オリジナルの評価システムが必要だというのが「フードアナリスト構想」の原点でした。

現代社会における美味しさの正体は、「情報」

日本フードアナリスト協会を設立して2021年で16年になります。

当初は、「評価」「格付け」「審査」を目的に創出されたフードアナリスト資格は、食の情報に詳しい、食の情報のリテラシーが高いという特性から、食の情報発信の分野に進出し、活躍を始めます。

　協会では、情報発信のスキルを上げる講座やプログラムを増やし、発信力のアップを図りました。その結果、フードライター、ミステリーショッパーで活躍する人も増えました。

　食の情報に詳しいということは、食の差別化、ブランディングができるということですので、コンサルティングやアドバイザーとして仕事をしているフードアナリストも多くなってきています。企業の（外部）広報担当としてプレスリリースを書いてメディアへ売り込むフードアナリストもいます。フードアナリスト、という職業で働く方も増えてきています。

　食の問題は人間の生命、生理に関わる問題ですので、非常にデリケートです。美味しさは人間の数だけあります。私自身もこの16年間、食の本をたくさん読みましたし、食について勉強しました。

　現代社会における美味しさの正体は、「情報」にあります。食について学べば学ぶほどその奥深さ、玄妙さに心が震えます。

　フードアナリストの学ぶ内容は、知れば知るほど「美味しくなり」、学べば学ぶほど「幸せになる」勉強です。

　フードアナリストとは「美味しさ」を探求して、わかりやすく伝える仕事です。世界中のすべての食べ物が教材です。

「食べる」ことで、「生きる」を学ぶことができます。

　インターネットで、食の情報を誰もが発信し閲覧する時代だからこそ、必要な知識がフードアナリスト学です。

　特に食のインフルエンサーには必須の知識です。「食べ物」を選ぶプロフェッショナルです。

　フードアナリストは食を一生の仕事にするための資格です。

　フードアナリスト資格者は、2万2000人を超えてきました。20年前には、「フードアナリスト」という資格も職業もありませんでした。フードアナリストが世の中に認知され始めている現在、もう一度、フードアナリストとは何か、フードアナリストの理念を再確認すべく、この本を書きました。

　フードアナリストを学ぶ方はもちろん、食について学びたい、興味がある、インターネットで発信したい、インフルエンサーとして活躍したい、そんな皆さんにぜひとも読んでいただきたい一冊です。

2021年3月吉日

一般社団法人日本フードアナリスト協会

理事長　**横井裕之**

CONTENTS 「食」情報インフルエンサーの教科書

CONTENTS

CONTENTS

参考文献
記者ハンドブック新聞用事語集 第12版(共同通信社)
美味学　増成隆士・川端晶子編著(建帛社)
角川新版実用辞典 第二版(角川書店)

●企画・執筆　生嶋マキ　●装丁・本文デザイン　田中玲子(ムーブエイト)
●図版作成　村松昭夫　●イラスト　岡本倫幸
●DTP　若松隆　●協力　日本フードアナリスト協会

第1章

フードアナリストとしての
心得──尊命敬食

最初に「尊命敬食」という本書のメインテーマとなる言葉についてお話ししましょう。
「尊命敬食」という言葉を初めて聞いた人も多いと思いますが、フードアナリスト資格者は全員が大切にしている言葉です。

40億年の生命の歴史

「尊命敬食」は2005年11月21日、一般社団法人日本フードアナリスト協会を設立する際に、私が考えた造語です。今では協会の唯一無二の設立理念として、すべてのフードアナリストは、この言葉を胸に食のシーンに関わっています。**協会にとっては一番大切にしている考え方が、この「尊命敬食」です。**

私たち地球上の生命は、40億年前に誕生したと考えられています。46億年前に原始太陽が形成され、45億4000万年前に原始地球が誕生しています。

そして40億年前には私たちの祖先である原始生命が誕生。

32億年前には光合成をする生命体が現れ、21億年前にはミトコンドリア出現し、10億年前には多細胞生物が出現したとされています。

5億4200万年前から5億3000万年前にはカンブリア爆発という生命の大隆起期が起こり、脊椎動物をはじめとする今日生存するほぼすべての動物の起源が出現します。

3億6000万年前には両生類は陸上に進出し、3億年前には爬虫類が出現。

地質年代	地質年代以前		冥王代	始生代					原生代							カンブリア紀	
年前	138億	120億	46億～45億	40億	38億	35億	32億	27億	25億 20億	～	15億	12億	10億		6億	5.8億	5.5億
主要事件	宇宙誕生	銀河系誕生	太陽系・地球誕生	原始生命の誕生	海を示す最古の地層	原核単細胞生物	原始酸素生物	光合成生物登場	シアノバクテリア大繁殖	ミトコンドリア出現	二倍体細胞の登場	有性生殖の原型	始原多細胞生物	エディアカラ動物群	三葉虫の登場	バージェス動物群	脊椎動物の登場（カンブリア爆発）
地球環境			マグマオーシャン	大気の形成	海の形成				氷河期	最古の超大陸			全球凍結				

この間、地球上の生命は多くの危機を迎えています。例えば2億5000万年前のペルム紀には、地球環境の大規模な変化によって、地球上のすべての生命の90％以上が絶滅したとされています。

その後、2億2500万年前には最古の哺乳類が出現。1億年前には恐竜全盛時代が来ますが、6550万年前にはその恐竜が絶滅する白亜紀末の生物の大量絶滅が起こっています。

現在のヒト（ホモ・サピエンス）の起源は約20万年前とされています。

40億年前に地球上に誕生した私たち生命は姿形を変え、変遷流転を繰り返しながら、現在の形になりました。私たちは今は人間の形をしていますが、40億年もの気の遠くなるような長い年月、「生命を生きている」と考えることができます。生命として輪廻転生を繰り返しながら人間の生命を生きています。

生物が生きていることは食と排泄に集約できる

私たちが今、人間の姿で生命を生きることができているのは、地球上で繰り広げられた弱肉強食の生存競争に勝ち続けたからに他なりません。また過酷な環境の変化に対しても、自らを変えることによって"生"を勝ち取ってきました。

たとえばペルム紀絶滅や白亜紀絶滅などの生物の大量絶滅期にも、私たちの祖先は、環境の変化に対応して、姿形や生存方法を変えながら生き永らえてきました。

顕生代									
古生代					中生代			新生代	
オルドビス紀	シルル紀	デボン紀	石炭紀	ペルム紀	三畳紀	ジュラ紀	白亜紀	第三紀	第四紀
5.1億　4.8億	4.5億	4.2億	3.6億　3億	2.99億	2.5億　2.25億	2.0億	1.3億　0.65億	0.3億	0.02億
魚類の登場	昆虫類の登場	初期両生類の登場	両生類の陸上進出／爬虫類の登場		恐竜の登場／初期哺乳類の登場	被子植物の登場	鳥類の登場／恐竜の絶滅	真猿類の登場／原猿類の登場／チンパンジー	人類誕生
大量絶滅		大量絶滅			大量絶滅	大量絶滅	大量絶滅		
氷河期			氷河期					氷河期（寒冷化過程）	

生物の定義は、以下の3つであるとされています。

①外界と膜で仕切られている

②代謝（物質やエネルギーの流れ）を行う

③自分の複製を作る

自分と外界に仕切りがあって、新陳代謝をして、子孫を残す。

外界との仕切りは状態のことで、子孫を残すのは目的ですから、生物が生きている行為とは新陳代謝のことです。つまり、**生物の生きているという行為は、食（と排泄）に集約されます。**

食とは生命のことです。生命とは食のこと。

私たち生命は、自分以外の生命を自分の中に取り込むことで自らの命を永らえてきました。

人間が牛を食べるということは、人間と牛の「生命」が1つになって、牛の命が人間の中に取り込まれるということです。牛や豚や鶏、魚だけではありません。私たちが野菜や果物として毎日食べている植物も生命です。ホウレン草を食べるということは、人間とホウレン草の「生命」が1つになって、ホウレン草の命が人間の中に取り込まれるということです。

植物には、果実のように動物にわざと食べさせて自らの種子を拡散させるものもありますが、ほとんどの植物は草食動物に食べられるためだけに存在しているわけではありません。

私たちが食べているものは、すべて生命

「尊命敬食」とは、地球上のすべての生命の循環をあるがまま受け入れましょうということです。食べ物＝生命に対して謙虚でありましょう、と言い換えてもよいです。

私たちが食べているものは、すべて「生命」です。肉、魚、植物などはもちろん、私たちが体に取り込む微量の無機質（ミネラル分）も、生命の欠片だと考えることができます。

食物連鎖とは壮大な生命の連環です。私たち人間はその中にある1つのパーツにしか過ぎません。人間も地球という生命の一部です。

まずは共通認識として、このことを確認しておきたいと思います。

食とは生命のことです。生命とは食のことです。

食の専門家であればあるほど、「保存料のたくさん入ったコンビニの弁当を食べる人の気が知れない」「大手メーカーの食品は保存料だらけ」「農薬だらけの野菜は食べたくない」などと主張される人もいますが、いかなる食べ物でも、それが保存料だらけの弁当であっても、路上生活者などがその弁当で命を永らえている人がいる限り、その食べ物を（食べている人

を）馬鹿にしてはいけません。それは生命を馬鹿にすることと同じだからです。

　今日食べる物がないアフリカの人々に配られている食べ物の中には、必ずしも「最高の安全基準」を満たさない食品も多く含まれています。先進国で余った古い小麦や米を配る場合もあります。

　いかなる食べ物でも生命です。

　誰かが大切にしているものを馬鹿にする行為、誰かが美味しく食べているものを踏みにじるような行為は一切慎むべきだ、と私たちは考えます。

　これは食べ物に限ったわけではありません。食はもちろん哲学でも宗教でも、誰かが大切にしているもの、真剣に真面目に取り組んでいるものを踏みにじることはやめましょう。

　これがフードアナリストの考え方の基本です。

　食に対して、すなわち生命に対し、常に謙虚な姿勢が一番大切です。この姿勢がない限り、私たちが食について語る時、食が常に「生命維持の本能」に直接関わるがゆえの軽薄で浅はかな世界観に陥ってしまいます。

　私たちがあり余るほどの食糧にあふれたこの日本に、人間として生まれてきたのは奇跡です。もちろん、日本という豊かな食の国で生まれた奇跡を享受することは素晴らしいことです。しかし、食＝生命に対する謙虚な気持ちを忘れてはいけません。

☕ column　植物の7割が苦味成分を持つ理由

　ホウレン草のような葉物野菜を例に取って考えてみましょう。

　ホウレン草は、本当は花を咲かせて種を実らせたい。ですが、ホウレン草は花が咲く前に収穫されてしまいます。

　味覚の中の「苦味」は有毒物質のシグナルですが、植物の7割はこの苦味成分を持っています。ほとんどの植物は自分から移動できないため、鳥や昆虫などの動物に果実を食べさせて、自分の種子を拡散させて繁殖します。しかし葉や茎や根の部分は食べられたくありません。ですから、植物の7割はこの苦味成分を持っているのです。

「私を食べると毒があるから危険ですよ」

「少しだけならいいですが、私を食べすぎると危ないですよ」

　と暗に言っているのです。もしも植物に苦味成分がなければ、地球上の植物は草食動物に食べ尽くされて絶滅しています。地球上の生物は絶妙なバランスの中で生存しているのです。

人類の「食」に関する歴史② 人口急増と食糧問題

生きることは食べること。食べるということは壮大で厳粛な生命の行為である、と前項では書きました。この項では人類の進化とそれに伴う人口増加の観点から、「食」についての問題を考えていきます。

人類に欠かせない「衣食住」を考える

「衣食住」において、「食」は、真ん中に位置しています。住んでいる地域の風土や気候によって、まず食べ物が決まり、そして住居の形態、着用する衣類が決まります。物流が少なかった昔はその土地の環境によって収穫できる食べ物が決まりました。そのため、その土地では何が収穫できるかによって、住も衣も決まっていたと考えられます。

モンゴル高原で放牧をしながら暮らす人々は、移動が便利なように移動式住居であるゲルに住んでいます。また食糧を追い求めて人類は寒冷地帯にやってきました。寒冷地帯では魚介類や肉類、それから小麦、ライ麦、ジャガイモが主食となります。そして寒さから身を守るために、高気密の石や木材でできた住居が必要でした。人類はもともと寒冷地帯にいたわけではなく、食糧を追い求めて寒冷地にやってきたわけです。衣類も、その食糧を求めてやってきた地域の環境に適合した民族衣装ができました。

すなわち「食」があって、初めて「衣」も「住」もあると考えられます。服を着ていなくても、動物は生きています。住むところがない人もいます。しかし、食べなければ人間は生きることができません。

「衣」と「住」は人間が「文化的な暮らし」をするための基本的なアイテムですが、**「食」は「生命の維持」に関わる問題です。**生命の維持ですから、「衣食住」の真ん中は「食」なのです。

その食の問題について考えてみましょう。

日本の食品ロス量は世界の食糧援助量の1.6倍

農林水産省と消費者庁の発表によれば、日本では2017（平成29）年度では年間2550万トンの食品廃棄物等が出されています。このうち、まだ食べられるのに廃棄される食品、いわゆる**「食品ロス」は612万トン**もあります。

これは世界中で飢餓に苦しむ人々に向けた世界の食糧援助量（2018［平成30］年で年

間約390万トン）の1.6倍に相当します。

　スーパーやコンビニなど気軽に食べ物が手に入る日本と違い、地球上の地域によってはその日食べるものさえ手に入れることが困難な国も多くあります。2019年の国連WFP（World Food Program）によると、2018年時点の世界では飢餓に陥っている人が8億2160万人もいると報告されています。

　食べ物がない最も厳しい状況の代表的な地域はアフリカです。アフリカの飢餓蔓延率は世界で最も高く、その人口は2億5610万人といわれています。アフリカ大陸では飢餓蔓延率は人口増加とともに着実に上昇しています。特に東アフリカでは人口の30.8％が栄養不足に苦しんでいる状況です。

　飢餓人口という意味では、最も多いのはアジアの国々です。5億1390万人以上の人々が飢餓に苦しんでいます。特に南アジア諸国に住む人々においては飢餓が深刻です。アフリカとアジアの2つの地域で、食糧不足による深刻な栄養不良が起こっています。

　さらに2018年のデータによると、中程度及び深刻な食糧不安の人口は20億人もいます。また、それに伴う低出生体重児の人口は2050万人など、飢餓に関してのさまざまなデータが発表されています。

60年間で57億人の人類が増えている

　現在世界の人口は77億5000万人（2020［令和2］年7月）です。そのうちの約26％の人々が食糧不安に苦しんでいるということになります。**世界の人類の4人に1人は食糧不安に苦しんでいるという計算になります。**

　こうした食糧不安、食糧不足に陥ってしまった最大の原因は、私たち人類が爆発的に増えてしまったことがあげられます。

　世界人口の推移を大雑把にまとめてみると、次ページ図のようになります。

　ほんの1万年前には100万人しか地球上に人類は存在しませんでした。

　それが紀元前2500年には1億人に、そして2019年には77億人にまで増えています。

　ほんの1万年の間に人類は、少なく見積もっても7700倍に増えているのです。1万年というとかなり長い時間に思えますが、地球ができてから45億4000万年、地球上に私たち生命が誕生してから40億年の年月を考えたら、ほんの一瞬の出来事です。

　もしも人間以外の他の動物だったら異常発生です。

例えば、雀が1羽、木の枝にとまっているとしましょう。1万年後にはその木には7700羽の雀が生息し、木の枝にとまるところがなくなってしまったというのが、今の人類の状況です。

　特に直近の120年間の増え方が爆発的です。**この120年間で57億人の人類が増えています。**

　数千年前には狩猟、漁猟、もしくは農業しか生業を持たなかった人類が、18世紀半ばには科学を発展させ、蒸気機関という動力を発明し、産業革命が始まります。蒸気船や鉄道を発明し、交通革命を起こしました。交通革命により人類の地球規模での往来が加速度的に激しくなりました。

　その後、飛行機やダイナマイトといった発明があり、20世紀には原子力発電や核兵器といった地球そのものの存続まで脅かす科学技術の発展がありました。

　約400年前、数億人程度の人口を養うには人力だけで事足りていましたが、人口が増えすぎたことによって蒸気や電気、原子力まで動員しないといけない状況になりました。77億人の人口を養えなくなってしまったというのが現実です。

　地球温暖化や絶滅危惧動物の増加といった地球環境問題は、人類が引き起こした大きな問題です。さらに今後、ますます人口が増えることで、食糧問題は大きな問題となって人類にのしかかってくるでしょう。

●世界の人口推移

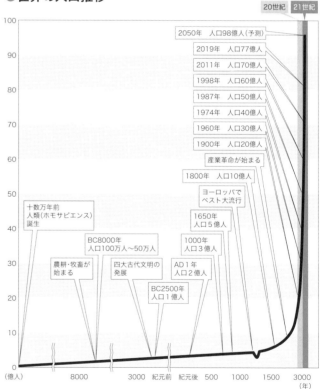

018

人類の過去は、その知恵と勇気と行動力で、食べられないものを食べるものに変えてきた歴史といえます。人類の英知は、食への渇望が原動力となっています。ここでは人類の「食」に対する歴史をひも解いていきます。

現代は「美味しい」「まずい」を選ぶ時代

　人類は地球環境に順応し、そして地球環境自体も変えるほどのパワーを持ち始めました。そして地球上の他の植物や動物を、自分たちの食べ物にしてきました。本来は食べることのできない動植物さえも食べ物にしました。

　例えば、フグです。フグにはテトロドトキシンという猛毒を持っています。テトロドトキシンは生物が持つ中でも最も毒性が高いもののひとつで、猛毒の代表格である青酸カリの500〜1000倍もの毒性があるといわれています。それはほんの1〜2mgで人の命が失われるほどです。

　フグを食べる国民は日本人だけではありませんが、日本人はフグを世界で一番好んで食べ、食文化にまで昇華させました。しかし、フグを安全に食べることができるまで、数えきれないほどの生命が失われたと考えられます。フグを食べる日本の食文化は、たくさんの生命の犠牲のうえに成り立っています。

　昔からこの恐ろしいフグの毒を無毒化して食べている地方があります。石川県白山市の美川地域、金沢市の金石・大野地区では、その卵巣を2年以上、塩漬けや糠漬けにする技術で、毒素を消失させ、珍味として食べています。フグの卵巣はフグの部位の中でも最もテトロドトキシンが多く、ちょっと舐めただけでも命を失うような部位を食べるのですから、驚きです。塩や糠に2年以上漬けると無毒化することがわかるまでは、きっと数多くの人命が失われたことでしょう。こうやって考えると、フグはもともと食べ物だったわけではなく、人類が創意工夫して食べ物にしたことがわかります。

　私たちの主食としている米や小麦などの穀物にしてもそうです。殻ごと食べていた玄米や小麦も硬い殻を取り除く技術を発展させることで、より消化のよい食べ物に変貌させました。また、発芽などの心配のいらない保存の利く穀物へと変えていきました。

　火や道具、調味料などを使うことで、調理しないと食べられないものも食べられるようにしてきました。これこそが人類の歴史です。

　そして現在、先進国では飽食の時代を迎えています。

飽食の時代における人類の食への渇望は、「食べられる」「食べられない」の時代から、「美味しい」「まずい」を選ぶ時代に移行してきています。特に私たちの住む日本を含めた先進国において顕著です。日本はまさに美食・グルメブームです。

美味しさとは人類が決めた感覚や情報

それでは私たちの美味しいとは何でしょうか。

私たちの美味しいは、私たち人類が決めた感覚であり、情報です。

フォアグラはガチョウやアヒルにたくさんの餌を与えることにより肥大させた肝臓ですし、キャビアはチョウザメの卵巣をほぐしたものの塩漬けです。両方とも普段、私たち日本人が普通に暮らしていたら食べることのない食材です。

サシの美しく入ったA5ランクの牛肉は、和牛業者が丹精込めて人工的に作り上げた芸術品とも呼べる肉です。もちろん自然な牛の肉とは全然違います。人間に置き換えても、脂肪分であるサシが多い人は太りすぎですし、不健康です。サシの入ったA5ランクの肉は健康状態の悪い牛だったと容易に想像できます。

対して、アメリカ牛やオーストラリア牛の肉には、ほとんどサシは入っていません。サシが入っているブランド和牛と赤身のオーストラリア牛のどちらが健康な牛なのかと考えたら、アメリカやオーストラリアの牧場で伸び伸びと育った牛だとすぐにわかります。

もしも、読者のあなた自身がライオンやオオカミだったとしたら、サシの入った人工的にブクブクと太らされた不健康な牛の肉と健康的な赤身の牛の肉のどちらを選んで食べるでしょうか。当然、後者でしょう。

しかし、私たちはブランド和牛に高い価値を見出し、高価な値段で買って食べます。

それは人類という地球のひとつの生き物、生命として自然なことでしょうか。

「美食家」ではなく「敬食家」であれ

私たち日本フードアナリスト協会を美食・グルメの団体と考えている人も多いのですが、それは大きな間違いです。私たちは生命を尊んで食を敬う団体です。

私たちフードアナリストは、自分たちを「美食家」「グルメ」とはいいません。フードアナリストならば、「美食」や「グルメ」といった言葉も使いません。

　角川新版実用辞典で「美食」という言葉を引いてみると、「贅沢な食事をすること」と書かれています。日本という世界でも有数な裕福な国に生まれ、豊かな食文化の中で育ち、贅沢な食を謳歌することは素晴らしいことです。

　私たちはこの地球上に生を受ける時、たまたまこの日本で生まれ、素晴らしい両親の元で育ち、教育も身につけることができ、衣食住に困ることもなく、豊かな暮らしをしています。しかし例えば、南スーダンやコンゴ、イエメンなどの経済的に貧困な国に生まれていれば、今日食べるものの心配をしないといけない人生になっていたかもしれません。

人間に生まるること難し
やがて死すべきものの
いま生命（いのち）あるは有難し

　これが法句経という経典の中にあるお釈迦様の言葉です。

　法句経とは仏教の原始経典のひとつで、お釈迦様の語録です。

　お釈迦様はこのようにも言っています。

「この宇宙、地球上の億万の生命の中で、人間として生まれてきてこの地球上に生を受ける、というだけで奇跡である」

「そして今、この時間、この瞬間に生きているということは本当にあり得ないくらいの奇跡であり、喜びである」

　人間として生を受け、日本という豊かな国で暮らしている私たちは幸せです。

　ただ、私たちの今ある幸せを当たり前だと思わない気持ちを、心のどこか片隅にでも持っていないといけません。

　世界中、日本全国から美味しい食べ物、珍しい食べ物を取り寄せて食べることができる時代だからこそ、食に対する謙虚な気持ちは忘れてはいけません。「美食」や「グルメ」という無邪気な言葉を使う時に恥ずかしさを感じる気持ちが大切だと私は考えます。

　というわけで、フードアナリストは食事の会のことを「美食会」「グルメの会」という言葉は使わず、すべての生命に対して感謝の気持ちを込めて「敬食会」と呼んでいます。

　私たちフードアナリストは「美食家」ではなく、「敬食家」でありたいと考えます。

美味しさの定義① **基本五味と味覚感覚**

この項では、「美味しさ」とは何かについて考えてみたいと思います。私たち人類は食べる行為に伴うものとして、味についても追及してきました。美味しさの定義の前に、まずは味覚について学んでいきましょう。

生存競争を勝ち抜いたDNAが求める味とは

　大前提として「食は生命であり」「食べ物に上下なし」というのを、ここまで確認してきました。いかなる食べ物に対しても敬意と謙虚さを持って臨むのが、フードアナリストの在り方です。この大前提がないまま、食の問題、美味しさの問題を語れば語るほど軽薄で浅はかな議論になってしまいます。

　それでは、私たちフードアナリストが追い求めてやまない食の素晴らしさの1つである「美味しさ」とは何でしょうか。

　生理的・感覚的な次元のみでの味覚的快感を「美味しい」とするのであれば、生物は一般に美味を感知し、より美味しいものを摂取しようとする習性があると考えられます。

　イヌやネコ、それから野生の動物の食行動を見ているだけでもよくわかります。飼いイヌや飼いネコは、より美味しいエサをもらうとより生き生きとします。

　そうやって生物は、40億年前に誕生して以来、激しい生存競争を勝ち抜いてきました。私たちが今、人間という生物の生命を生きているのは、生存競争を勝ち抜いてきたからです。

　私たちにとって「美味しいもの」とは何か。

　生理的・感覚的な次元において、**「美味しいもの」とはカロリーが高い食べ物、栄養価の高い食べ物のことを指す**のです。ライオンやオオカミが鹿を捕まえて食べる時は、まずは内臓、特に肝臓（レバー）を食べるといわれています。足や手の筋肉の部分を食べたりはしません。

　それは内臓が一番、カロリーも栄養価も高いからです。野生動物の世界では、一番いいところを真っ先に食べないと、自分が食べている獲物を狙っているライバルが多くいます。

それは他の動物だけではなく、同じ種族の仲間すらライバルとなるほど苛烈（かれつ）なものです。

そういった意味では、「カロリーの高い食べ物」「栄養価の高い食べ物」が美味しい、と私たちのDNAに40億年間刻（きざ）まれてきたと考えられます。

「カロリーの高い食べ物」「栄養価の高い食べ物」とは濃厚な味、はっきりとした味がします。薄味や淡い味のものではありません。食べた瞬間、生命力が立ち上るような濃厚で強めの味が、私たちの生命は欲しています。

日本フードアナリスト協会の最高顧問の故阿部孤柳（あべこりゅう）先生は、

「日本料理の基本は家庭料理」
「料亭の料理は芝居の料理」

といつもおっしゃっていました。

家庭料理と料亭の料理では、料亭の料理のほうが「美味しい」とされています。

【Profile】
阿部孤柳

1925（大正14）年、東京神田猿楽町に生まれる。日本大学芸術学部卒業。
社団法人全国ホテル・レストランサービス技能協会学術顧問、社団法人日本全職業調理士協会理事、全国日本調理技能士会連合会最高顧問、ジャパンアート社代表取締役社長。料理家、本名阿部保。
日本料理に関する講演や、調理技術書を多数執筆するかたわら、池波正太郎原作のテレビドラマ『鬼平犯科帳』の料理指導を長年務める。日本料理の歴史を系統だてて語れる数少ない料理研究家のひとり。主な著書に『日本料理徒然草』『日本料理千夜一夜物語』『日本料理こころの化粧匣』『庖丁軌範』（以上ジャパンアート社）、『日本料理秘密箱』（柴田書店）『鬼平料理番日記』（小学館）などがある。
日本フードアナリスト協会試験委員として、設立当初よりフードアナリストの指導に当たる。

家庭料理は、素朴な食材の味を生かした味。家族の健康のことを考えて、「塩分控えめ」「砂糖控えめ」の味付けをする場合も多くあります。

対して料亭の料理は、多くの食通を唸（うな）らせないといけない料理です。阿部孤柳先生の指す「芝居の料理」です。大向こうを唸らせる料理です。大向こうを唸らせるためには「隈取りのはっきりした」料理でなければいけません。それは「味の輪郭のしっかりした料理」になる、と阿部孤柳先生は教えてくださいました。

これは、味覚と感覚を考えるうえで興味深い考察です。私たちが「味覚的に」美味しいと感じる味付けは、「はっきりとした」「しっかりとした」味付けです。つまり、**生存競争に打ち勝ってきた私たちの生命としてのDNAは、「濃厚な味」「強い味」を求めていると考えられます。**

5つの基本となる味覚「五味」

「美味しさ」を構成するものは、味覚や感覚の部分にだけではありません。

　下図は美味しさを構成する要素を1本の木に例えたものです。木の幹の根本にあるのが「味覚」と呼ばれる5つの感覚です。**「甘味」「塩味」「酸味」「苦味」「うま味」の5つが基本の味覚であり、「五味」と呼ばれます。**日本フードアナリスト協会試験委員の川端晶子先生によると、五味それぞれは以下のように解説できます。

「甘味」とはエネルギーのシグナルです。

　生まれたばかりの赤ちゃんが一番好む味は甘味です。自分の体を作る時に大量のエネルギーが必要だからです。

「塩味」とはミネラルのシグナルです。

　汗をかいたりして体内から塩分が抜けてしまった時に欲する味が塩味です。

「酸味」とは新陳代謝のシグナルです。

　腐敗物から発する味でもあります。妊娠している女性が酸味を欲するのは、お腹の中の赤ちゃんを含めて新陳代謝が活発になっているからだと考えられています。

「苦味」とは有毒物質のシグナルです。

　苦味とは文化・文明の味覚感覚です。官能への入り口の禁断の味だとされています。病みつきになってしまう味覚の1位が、実は苦味といわれていますが、なぜなら常習性

●美味しさを構成する要素

視覚　色、形、盛り付け
聴覚
嗅覚　匂い、香り
触覚　温度、テクスチャー
辛味　渋味
雰囲気（照明、音、温度、湿度）
健康　心理状態
甘味　塩味　酸味　苦味　うま味
食習慣　　食文化

出典：「美味学」株式会社健建帛社、編著者：増成隆士、川端晶子

があるからなのです。

そして**「うま味」は「タンパク質が溶けていく」シグナル**です。

うま味物質は、1908年に東京帝国大学教授だった池田菊苗先生によって、出汁昆布の中から発見されました。最初に発見されたうま味物質は昆布に多く含まれるグルタミン酸でした。うま味となる出汁昆布や鰹節を使用した出汁は、日本料理の基本で伝統的に使われていました。そのため、日本人は、「出汁がきいていない」という味覚は塩味や酸味では説明できない感覚であることを経験的に知っていました。その正体を発見したのが、味の素の創業者のひとりである池田菊苗先生でした。

この5つの基本味とは別に、あと大きく分けて2つの味があります。

「辛味」とは温感と痛感のことです。

唐辛子などに代表される「辛味」とは、「熱い」という感覚と「痛い」という感覚のことだと川端晶子先生はいっています。

「渋味」とは舌の粘膜が収縮して起こる味です。

【Profile】
池田菊苗

1864年10月8日〜1936年5月3日。東京帝国大学理学部化学科教授。約38kgの乾燥昆布から煮汁をとり、うま味の素であるL-グルタミン酸ナトリウムを得ることに成功。1908年4月24日には「グルタミン酸を主要成分とする調味料製造法」に関する特許を出願し、7月25日に特許登録された。日本の十大発明家（特許庁が選定）の1人。

日本茶やワインや渋柿などを食べると感じる味である「渋味」は、「辛味」と同じように、味を分類する概念のひとつとして考えられています。ですので、広い意味では味覚の一つともいえますが、基本味の五味（甘味・塩味・酸味・苦味・うま味）とは異なり、味蕾を構成する味細胞によって受容されることが確認されていません。これからの研究を待たなければいけませんが、「渋味」は「辛味」と同様に、味覚というより触覚に近い感覚だと考えられます。

五味プラス辛味や渋味などは、味覚もしくは味覚に類する感覚です。

美味しさの定義② 美味しさの正体とは

前項では五味および味覚に類する感覚を見てきました。実際、人間が美味しさを感じる時、味覚以外にも「美味しさ」を構成する要素はたくさんあります。ここでは味覚以外の美味しさの要素を見ていきましょう。

視覚、嗅覚、聴覚、触覚の4つの要素

個人差はありますが、「美味しさ」の中で「味覚」そのものの占める割合は5％以下だと考えられています。つまり、**美味しさは、味覚そのもの以外の割合が95％占めている**のです。

もちろん、これは日本のような先進国で文化的な暮らしをしている人の場合においてです。貧困国の場合は、美味しさの中の味覚そのものの割合はより大きくなると考えられます。

では、美味しさを構成している要素の中で、味覚、もしくは味覚に類する感覚以外には

●食べ物の美味しさを形成する要因

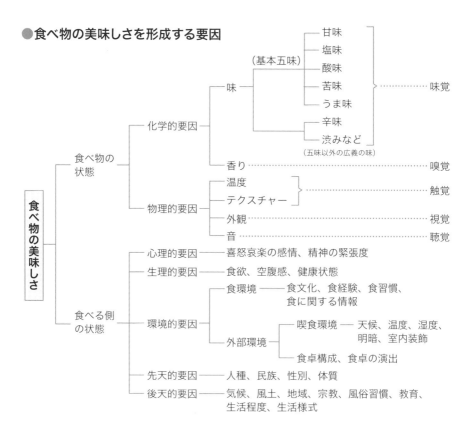

どのようなものがあるのでしょうか。

視覚的要素

　食べ物でも見た目が重要なのはいうまでもありません。生命力にあふれた色は食欲をそそります。その食べ物がどんな形をしているかによっても、美味しさは変わってきます。料理の場合であれば、盛り付けも美味しさを構成する重要な要素です。

嗅覚的要素

　匂いや香りも「美味しさ」を構成する大きな要素だと考えられています。風邪などで鼻がつまると、味がわからなくなります。また、甘い香り、酸っぱい匂い、苦い香りなど、匂いによって、その味がわかります。それほど嗅覚と味の関係は深いといえます。

　嗅覚は鼻によって得られますが、具体的には、鼻の奥の上部に存在する嗅粘膜に香り成分が触れると、信号が嗅神経を通じて大脳へ送られ、香りとして認識される仕組みになっています。

聴覚的要素

　視覚的要素、嗅覚的要素ほどではありませんが、聴覚的要素も「美味しさ」を構成する大きな要素です。これは耳で味わう「美味しさ」です。

　私たちは経験的に蕎麦をすする「ズルズルズル」という音を覚えています。蕎麦をすする「ズルズルズル」を聞いたら、反射的に蕎麦の香り、のどごし、味わいを思い出します。ビールを一気に飲む時の「グビッグビッ」や煎餅を食べる時の「バリッバリッ」など、耳からも私たちは「美味しさ」を味わっていると考えられます。

触覚的要素

　触感とは皮膚感覚のひとつとされています。物に触れた時に起こる感覚だったり、加えられる刺激が強力だったり、持続的だったりした場合は、「圧覚」と呼ぶこともあります。

　五感の中の触感とは、舌や口の中で触った場合や、手で触ってみた場合の温度やテクスチャー（手触り）のことです。

「熱い」「冷たい」「固い」「ずっしりしている」「ツルツルしている」「柔らかい」などの感覚を指します。温度や他の五感もそうですが、触感の好みも人によって、またそれぞれの食べ

物によって千差万別です。

　以上4つ（視覚的要素、嗅覚的要素、聴覚的要素、触覚的要素）は、人間の感覚に由来する要素です。これら**味覚的要素以外の4つのほとんどが過去の経験の「情報」によって喚起される「美味しさ」です。「情報の美味しさ」と考えられます。**
　これ以外にも「美味しさ」を構成する要素はあります。

その他の美味しさを構成する要素

雰囲気的要素

　どのような場所で、その食べ物（料理）を食べるかというのも、「美味しさ」を感じるうえでの大きな要素です。照明、音楽（バックグラウンドミュージック）、室内の温度や湿度なども、「美味しさ」に大きく関係しています。環境情報の美味しさです。

健康状態及び心理状態の要素

　健康状態や精神状態も「美味しさ」を構成する重要な要素です。大病を患（わずら）ったら味がわからなくなった、という話はよく聞きます。自分が病気だと思うだけで食が心の底から楽しめない気分になることもあります。やはり食を楽しむには健康であることが大切です。
　同様に精神状態も重要です。大嫌いな上司に小言を言われながらする食事は、三ツ星レストランのランチでも美味しいとは感じません。反対に大好きな人と一緒に食べたら、芋を煮ただけの料理でも世界で一番美味しいと思えたりします。

食文化及び食習慣

　食文化や食習慣も、「美味しさ」に大きく関係しています。例えば納豆を食べる食文化や生卵をご飯にかけて食べるような食習慣は外国にはほとんどありません。またフグや馬刺しを食べることも、外国人から見たら奇異に感じるようです。日本の中でも北と南では食文化は大きく違います。
　そうした自分たちが育った食文化や食習慣も、「美味しさ」と密接に関係しています。その時、流行している食品なども食文化や食習慣に入ります。

　以上を紹介してきましたが、**「美味しさ」の中で味覚など生理的な感覚は5%、残りの95%は「情報の美味しさ」です。**

「情報の美味しさ」を感じることができるのは人間だけです。イヌやネコ、ウマやライオンなどの動物は食を生理的な感覚だけで美味しいと捉えます。「情報の美味しさ」こそが、人間の食に対する特徴であり、尊厳であると私は考えます。

☕ column　かき氷シロップに見る視覚的要素と嗅覚的要素

　視覚的要素と嗅覚的要素について、夏に食べるかき氷を例に考えてみましょう。「イチゴ味」「メロン味」「レモン味」「ブルーハワイ味」「グレープ味」「オレンジ味」などが定番ですが、実は元々のシロップ自体は同じ成分で同じ味です。かき氷のシロップの材料はメーカーによって若干の違いはありますが、基本的に果糖ぶどう糖液糖です。これは甘い液体で、イチゴやメロン、レモン、ブルーハワイ、グレープなど、ほとんどすべてのシロップに共通して使われています。この共通の甘い液体に、イチゴの香料とイチゴに近い赤い色を加えるとイチゴシロップになります。メロンの香料とやや淡い緑系色を加えるとメロンシロップになるのです。

　つまり、シロップに使われるベースの味はまったく同じで、違いは色と香りだけというのが、かき氷の味の正体です。味はまったく一緒でも香りと色によって、イチゴ味やメロン味のシロップになり、私たちはイチゴ味やメロン味だと感じています。

　その原因は、脳の錯覚とも考えられています。私たちは目の前にある食べ物の色や香りで、「こんな味に違いない」と思い込んでいます。イチゴシロップの場合では、味覚そのものよりも、「イチゴは赤い」「イチゴは甘酸っぱい香りがする」など、視覚や嗅覚のほうに頼る傾向が大きいといわれています。かき氷のシロップの色を見る時、赤はイチゴ、緑はメロン、黄色はレモンと思い込んでしまいます。こうした色のシロップに香りが加わることで、赤はイチゴの味がする、緑はメロンの味がする、黄色はレモンの味がすると脳が勝手に判断してしまうのです。

　かき氷だけでなく、成分はまったく同じで、色と香りで味の違いを出して販売されている食品は実は多くあります。いわゆる炭酸系清涼飲料水なども、それに該当します。

　味を感じるのは、舌の味蕾という部分であると考えられています。しかし、それだけではなく、見た目や香りなどの情報が組み合わさることによって、美味しさを感じます。そして「美味しいかどうか」の判断は色や香りによるほうが、ずっと大きいと考えられます。色鮮やかな生命力にあふれた食材は魅力的ですし、風邪をひいて鼻がつまった時、食べ物の味を感じないことがあるように、やはり食べ物にとって色や香りは重要なのだと考えさせられます。

　ことわざは知恵の宝庫です。その中から特に「食」に焦点を当てたものをピックアップしました。こうしてみると、さまざまな人間模様や生きる本質が見えてきます。また、世界の偉人たちも食に関する多くの格言を残しています。

『五月肩こり納豆月』
　5月は田植えの繁忙期です。忙しいこの季節には肩が凝ることも多い、その対策には納豆を食べるのがよい、という教えです。

『麦の稲穂に火を降らせ』
　昔の農作物は天気によって出来が決まります。麦の穂が出る時期には、空から火が降ってくるほど暑いほうがよい。その思いが込められています。

『貧乏秋刀魚に福鰯』
　秋刀魚が豊漁の年は寒流の勢いが強いので、夏の気温は比較的低い。一方、鰯が豊漁の年は、暖流の勢いが強くて夏は暑い。つまり、暑い夏は稲の豊作を保証されているということなので、鰯を福とし秋刀魚を貧乏とする、その対比を表すことわざです。

『豆腐も煮えれば締まる』
　豆腐は時間をかけて煮すぎると、きゅっと硬くなります。人間も豆腐のように苦労を重ねることによって、人間的に幅が広くなり、ひと回り大きくなるという教えを示しています。

『うどの大木』
　うどは高さ2メートルにも育つことがあるが、そこまで大きくなると、硬くて味が悪く食用に向かない。人も同じで、体ばかり大きくても能力がないなら、ものの役に立てないこと。

『ごまめでも尾頭つき』
　ごまめはカタクチイワシの稚魚のことで、鯛に比べれば、姿形は決して立派なものではありません。けれども、たとえ小さくても、頭も尾もついているという意味です。

『山椒は小粒でもぴりりと辛い』
　山椒は特有の辛味や刺激があります。これを人にたとえ、体は小さくても、能力や手腕にはすぐれていて侮れないことを指します。

『老人にゆで卵のむき方を教えるな』
　なんでも知り尽くしている人にわかりきったことを教えることの愚かさをいうことわざです。ブルガリアの格言ですが、日本のことわざ『釈迦に説法』と同じ意味です。

■偉人の格言

『食卓こそ人がその初めから決して退屈しない唯一の場所である』
　ブリア・サヴァラン（フランスの法律家、政治家）

『食べものを愛するほどの誠実な愛は他にあるまい』
　ジョージ・バーナード・ショウ（アイルランドの文学者、劇作家、脚本家、ジャーナリスト）

『料理の腕は、舌の記憶の確かさにある』
　ポール・ボキューズ（フランスの料理人）

第2章

フードアナリストの
定義と役割

フードアナリスト協会とは

日本フードアナリスト協会は、フードアナリストの育成・認証・研修を担い、食の安全を担保し、人々が健やかに生活できる社会づくりによって国家の発展に寄与することを目的として、2005年11月21日に設立されました。

世の中にまったくない資格を作る

　2005年の設立当初は任意団体としてスタートしましたが、その4年後の2009年11月には一般社団法人に認証されました。以後、一般社団法人日本フードアナリストとして活動して現在に至ります。

●フードアナリスト資格の種類

資格取得のメリット

幅広い知識を身につけたフードアナリストは食に関するさまざまな分野で活躍しています。食の業界への就職はもちろん、飲食店マネージャー、飲食店経営者、料理研究家、料理教室講師、フードジャーナリスト、フードライター、飲食店舗企画設計、飲食専門コンサルタントなど、食の業界で活躍する近道となります。最近では資格手当などの対象資格になるなど、食品・流通関係企業での資格導入も進んでいます。

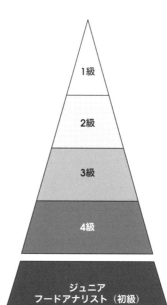

1級フードアナリスト

◆大学、短大、専門学校講師・コンサルタント

認定フードアナリストの最上級資格。「食・食文化」を中心に幅広い教養を身につけた人に与えられます。企業の資格導入も進んでいます。

2級フードアナリスト

◆フードライター・レポーター・認定講師

認定フードアナリストの上級資格。英語・フランス語に加え、中国語も身につけていきます。

3級フードアナリスト

◆商品開発・アドバイザー・食育講師

認定フードアナリストの中級資格。英語に加え、フランス語も身につけていきます。

4級フードアナリスト

◆覆面・モニター調査員、ブロガー

認定フードアナリストの基礎資格。フードビジネスにかかわる仕事に直接役立つ知識を学びつつ、マナーや料理に関するベーシックな知識など「食・食文化」への教養・造詣を深めます。英語力も身につけていきます。

※資格の取得は4級から可能です。

ジュニアフードアナリスト（初級）

認定フードアナリストの入門資格。正しい「食・食文化」、食文化の教養を体系的に身につけ、現代社会における「食」の楽しさを理解していきます。食べることに興味ある人はもちろん、教養を広げたい人の入門クラスです。

フードアナリストという名称は、商標登録された商標（16類・特許庁登録4952769号）（41類および43類・特許庁登録5047225号）のため、フードアナリストと名乗って活動するには協会の認定会員、正会員となる必要があります。フードアナリスト資格は4級から始まり、3級、2級、1級までステップアップをすることができます。

学習プログラムはらせん状になっているのが特徴で、4級では簡単な英単語と英会話を学びますが、3級、2級、1級では英語は学びません。3級ではフランス語、2級では中国語、1級では味覚試験と色彩試験というように同じ内容を深く積み上げるのではなく、知識・教養レベルをらせん状に深めていく内容になっています。

ですから、フードアナリスト資格に挑戦する人は、まずは4級に合格しなければなりません。4級に合格したら3級に挑戦できます。3級に合格したら2級、2級に合格したら1級に挑戦できるというふうに、1つずつステップを上がるように昇級していきます。

「フードアナリスト学」と呼ばれるカリキュラムは、

「20年後、フードアナリストという職業の人はどんな仕事をしているか?」

「20年後、フードアナリストという職業の人はどのような知識を持っている人か?」

を、協会スタート時に当時の若いスタッフと一緒に議論するところから始めました。

フードアナリストは、趣味・教養・知識だけの資格にするつもりはありませんでした。**もともとがレストランガイド（および食品・食材の認証制度）の審査員・評価者になるための資格**でしたが、どのように発展させていくかについて十分議論しました。

議論する相手は、興味を持ってくれた証券会社時代の同僚や後輩たち。それから噂を聞きつけて集まってくれた大学生スタッフやアルバイトなどの若い集団でした。

まったく世の中にない資格を立ち上げて、職業にする。

ミシュランに対抗できるガイドブックを作る。

この命題に対して深夜、明け方まで議論したこともあります。

フードアナリストと同じような資格は、世界中を探しても存在しません。

すべての食関係の資格は、プロや作り手、業者側の資格ばかりであり、利用者や消費者側に立った資格は存在しません。

世界の資格や食に詳しい、大学の先生をしている友人が、アメリカにある「フード・クリティックス」という資格が、食べる側の資格という意味ではフードアナリストに近いと教えてくれたことがあります。

ただし、この「フード・クリティックス」も、上流階級の食のマナーや立ち居振る舞い、

食の知識が中心で、積極的に食の情報発信をする職業を志向するフードアナリストとは全然違うものでした。

　食の世界は職人の世界が中心です。基本的に職人の世界は閉鎖的であり、情報は職人の間でしか伝達・継承されませんでした。情報を持っているか、持っていないかで専門性が問われる時代でした。

　それがインターネットの発達によって一気に状況が変わりました。情報はネットにあふれ、有名ラーメン店のレシピも、ネット上に投稿されるほどになりました。インターネットの発達で、消費者が発信し、誰でも情報を閲覧することができるようになりました。今では情報は氾濫する時代です。氾濫する情報の中から、自分に必要な正しい情報を、適格に迅速に取捨選択ができる能力が必要とされます。そういった意味では、**フードアナリストは、インターネット時代の申し子のような資格**だといえます。

フードアナリストの種類と名称呼称

「フードアナリスト」は登録された商標であり、協会の許可なく使用はできません。

「認定フードアナリスト」「フードアナリスト」と名乗るためには、フードアナリスト検定4級に合格して、協会に登録、年会費を払う必要があります。

　協会で、認定フードアナリストと呼んでいる個人会員には「認定会員」と「正会員」の2つあります（下表参照）。

認定
会員

正会員

準会員

●フードアナリストの種類と名称呼称

項目	規定
個人認定会員	「認定会員」は、フードアナリストを生業、副業、非常勤講師、社会奉仕、食育、フードライター、インフルエンサーなど第一線で実際に活動・活躍する最上級会員
個人正会員 （法人正会員の正社員）	法人正会員（賛助会員法人）の正社員たる資格を持つ者。フードアナリストを学ぶことで主に食の情報と発信の知識・ノウハウ取得により本業に役立てることを旨とする。
個人学生正会員 （認定校学生）	協会認定校でフードアナリスト資格を取得した18歳以上の学生会員。卒業まで無料会員で各種セミナーや研究会に参加し、自己研鑽できる。
準会員	年会費を納付していない元認定会員及び正会員。休会中。元の級に復帰できるかどうかは、復帰希望時の協会規定による。

また準会員もあります。これは認定会員登録後、会費を納入しないで休会中の会員のことを指します。準会員は「フードアナリスト」としての呼称を使用できません。検定試験に合格しても、個人認定会員の登録をしていない人は準会員にはなれません。
「フードアナリスト検定試験4級」に合格した後、会員登録しない人は、「フードアナリスト検定4級合格者（●●●●年）」と名乗ることは可能です。●●●●年は合格した西暦年を入れます。会員登録せず（年会費も払わず）に、4級を合格すれば3級も受験できます。

　●●●●年と入れるのは、何年前にフードアナリスト検定を合格したかを明確にするためです。

　例えば、30年前に英検1級を合格していても、30年間ほとんど英語を使わない生活をしていたら、現在は英検1級の能力はないかもしれません。フードアナリストも同じです。「認定フードアナリスト」として協会が個人の能力を担保しているのは、フードアナリストの研修やセミナー、研究会に参加し、常にアップデートをしている個人認定会員と個人正会員だけです。

　会員登録しない人は、協会でデータ保管ができません。そのため、「フードアナリスト検定●級合格証」を大切に保管してください。協会に問い合わせてもデータがありません。

　また、協会ではジュニアフードアナリスト（初級フードアナリスト）という資格もあります。これはフードアナリスト入門の資格です。

　ジュニアフードアナリスト（初級フードアナリスト）については、主に外国人の特定技能1号ビザ申請候補者のための資格です。外国人が取得したら「フードアナリスト4級インターナショナル」資格として付与しています。

　ジュニアフードアナリスト（初級フードアナリスト）は、数時間の座学に参加して、一定の試験に合格したら取得できるフードアナリストの入門資格です。初級にも教本があり、『五感で楽しむ食』（学研）の内容を中心に全国カルチャーセンターを中心に初級養成講座を実施しています。

　ジュニアフードアナリスト（初級フードアナリスト）は合格しても、日本フードアナリスト協会の認定会員や正会員になる資格ではありません。あくまでも認定会員や正会員になれる資格は、4級フードアナリスト以上の資格です。フードアナリストは、日本フードアナリストの認定会員、正会員になって初めて協会の手厚いフォローの元で活躍ができるのです。

フードアナリストとは①
「食の情報」と「食の情報発信」の専門家

フードアナリストは「食の情報」と「食の情報発信」の専門家です。そのフードアナリスト資格の認定団体である日本フードアナリスト協会は、2005年11月21日に東京を拠点に、任意団体として創設されました。11月21日が当協会の設立記念日になります。

フードアナリストは食の情報を扱うプロフェッショナル

　美味しさとは、味覚を中心とした五感（味覚、視覚、聴覚、嗅覚、触覚）で感じている部分が5％、それ以外の「食の情報」の美味しさを感じている部分が95％と、第1章でお伝えしました。しかし、この「食の情報」の美味しさの95％というのは、世界でもっとも豊かで、文化度や教養度が高い国のひとつである日本の割合です。後進国では80％、60％と低くなり、アフリカ諸国のように深刻な飢餓に陥っている国では、「食の情報」の美味しさの割合はゼロに近くなると考えられます。

　つまり、「食の情報」を美味しいと感じるかどうかは、豊かさや文化度、教養のバロメーターでもあるのです。

　フードアナリストは生理的な「味覚」を中心とした五感で感じる「美味しさ」についても、もちろんプロフェッショナルとして学びますが、**「美味しさ」のほとんどを占める「情報の美味しさ」を扱うところに特徴**があります。つまり、**食における「情報の美味しさ」の専門家**です。

「食の美味しさ」のプロは、「食の情報」のプロでなくてはいけません。食について深く掘り下げて学んでいくと、「情報の美味しさ」を避けては通れないからです。そして「食の情報」に精通しないと、食のプロとはいえません。

　英語で「analyse」（アナライズ）とは、「分析する」「解析する」という意味です。
「フードアナリスト」とは、直訳すれば「食べ物を分析する人」。アナリストという名前から食品成分を分析するプロの資格と思っている人もいますが、そうではありません。

　食について、学び、調べて、深く突き詰めて考えるという行動をすれば、当然、「食の情報」に詳しくなります。そして食の情報に詳しくなれば、その食の情報をより多くに発信することができます。

　美味しさの中で食の情報の美味しさは95％と前述しましたが、世界の情報の中で、食の情報が占める割合は90％以上です。政治家や芸能人に関するニュースはテレビのワイドショーなどで連日報道されていますが、そういったニュースソースはひとつの場合が多く、

大体同じような内容の報道ばかりです。新しい情報があるわけではなく、同じようなニュースを何度も繰り返し放送しているだけです。野球やサッカー、ゴルフのニュースも事実はひとつで、それを何度もニュースとして流しています。

しかし「食」については、日本人約1億2500万人のうち、物心がついていない幼児を抜いた約1億2000万人が、1日に3回は食の情報を調べて収集します。

3歳児でも母親に、「ママ、今日の晩ごはんは何?」と聞きます。

3歳児でさえも晩ごはんの情報を収集しているわけです。実に1日約3億6000万の食の情報が日本列島全体で飛び交っているのです。

巷に飛び交う情報のうち、99.99%が食の情報

同じように多くの人が必ず収集する、生活に密着した情報について考えてみましょう。

例えば住宅情報。家を買いたい人の売り家情報はどうでしょうか。

結婚をして子どもが生まれて家族の人数が確定したら、家を買いたくなる人が多いようです。平均すると、30代から40代。国土交通省の「平成29年度住宅市場動向調査報告書」によると、新築の注文住宅を購入した世帯主の年齢は、4割以上が30代という結果が出ています。

とはいえ、住宅情報は実際に住宅を購入した人々にとっては、急速に興味がなくなります。その後は、ガーデニングやペット、クルマやファッションなど、生活様式や趣味へと興味が移行します。中でもファッションは毎日のように情報を取りますが、食の情報ほどバリエーションが多くはありません。

毎朝、毎昼、毎夕、国民約1億2000万人が食の情報を調べて取得します。

全員が同じものを食べているわけではありませんので、それぞれが違う情報を取得する、その数たるや膨大な量の情報です。

このようにすべての情報の中で、食の情報が占める割合が90%という事実も理解できたことでしょう。いや、もっと大きな割合、99%、99.99%ともいわれるほど、食の情報はあふれています。特に1995年以降、SNS(ソーシャル・ネットワーキング・サービス)が発達してから拍車がかかっています。

現代社会の特徴は、誰でも情報発信ができるという点です。今日も大量の数の食の情報が、ネット上に書き込まれています。

フードアナリストは、こうしたネット時代の情報リテラシーを担うプロフェッショナルです。情報とは、事実に評価を加えたものです。同じ事実を見たとしても、何らかの人間を通して発せられた情報はそれぞれ評価が加わっていますので、その情報を受け取った側の受け取り方も千差万別となります。

　事実が人の言葉となって情報になる時、その情報を発信する人の立場や利害関係によって、内容や印象が変わってしまうのは、ある意味仕方がないこと。中には「売らんがための情報」や「科学的根拠に乏しい情報」なども数多く混ざっています。

　フードアナリストは巷にあふれる食の情報を受信し、収集し、読み解いて、発信する専門家です。できるだけ科学的根拠に基づいて、それぞれの発信者の立場も考慮して、合理的、客観的な観点から、中立公正に、情報の受け手に対して説得力がある情報発信をすることが大切になります。

☕ column　フードアナリストの資格者の声①──食品メーカー

基礎的な知識を身につけるにはぴったりなカリキュラム

カゴメ　コンシューマ事業本部　食育担当　菅史乃さん

　「弊社は2011年にフードアナリスト協会賛助会員となり、社内のスキルアップ制度の選択メニューの中に組み入れることで資格取得を奨励しています。食に関心を持ち、基礎的な知識を身につけることは食品メーカーの社員として重要であると考えていますが、この資格はまさにぴったりなカリキュラムだと感じました。私自身、4級を取得しましたが、講義内容も大変興味深く楽しく受講させていただきました。今後も社員の資格取得が広がるように社内で紹介していきたいと思います」

社内通信教育制度の推奨コースとして人気

ヤマザキビスケット株式会社　総務部人事課　植田一茂さん

　「自社製品を通じて人々の生活をより豊かなものにするためには、社員1人ひとりの食に関する知識レベルの向上が不可欠です。弊社では2010年より社内通信教育制度の推奨コースとして導入し、職種を問わず多くの社員が受講する人気コースとなりました。「空間」という切り口から食品について学習することは、他にはなく大変興味深いです。今では3級取得に挑戦する社員も出てきており、今後はフードアナリストを目指す社員がさらに増加すると予想しています」

フードアナリストの専門性

この項ではフードアナリストの専門性について考えていきます。専門家といえば、その分野に精通している人ですが、食の分野ではひと昔前は料理人など作り手側だけでした。しかし現在では、情報発信する側も、専門家として認定されるようになりました。

フードアナリストは "作る" 専門家ではない

　ワインの専門家、野菜の専門家、日本酒の専門家、料理の専門家など、現在、日本には多くの食に関する専門家が存在し、それに見合った資格もたくさんあります。

　私が「フードアナリスト」という資格を創出した時、その世界でナンバーワンの資格でなければ意味がないと考えました。もし、フードアナリストを単なる知識や教養を得るための資格にしていたら、今まで存続することは難しかったでしょう。実際、日本フードアナリスト協会が創設した2005年と同時期にスタートした食の資格で、現在も残っているものはほとんどありません。まさに過当競争で、生き残るだけでも大変です。しかし、資格取得者にとっては、せっかく取得した資格の主催団体がなくなってしまったら困るはずです。

　そういったことが起こらないように、**フードアナリストはその世界でナンバーワンの資格となり、そしてそれが職業となるように、協会も普及・活動に努めています。**

　当初は、その道でナンバーワンの資格になるというのが、設立当初の第一の命題でした。

　例えば、ワインの資格はさまざまありますが、誰が考えてもワインの専門家は生産者です。ワインの試飲をする専門家は存在しますが、ワインが美味しいのはワインそのものだけではなく、それ以外のたくさんの知識が必要です。具体的にはワインは料理と合わせるマリアージュの飲み物でもあり、料理のソースとしての役割もあります。

　料理を作る専門家の資格もたくさんありますが、料理・調理の専門家は、やはり飲食店で毎日何百人の料理を作る料理人です。

　野菜の知識を有する資格もいくつかあります。ただし、野菜の専門家は誰に聞いても生産者です。野菜を実際に作っている生産者が、一番野菜に詳しい専門家です。

　フードアナリストは料理や食材を作ることがありますが、作る専門家ではありません。

　フードアナリストは「食の情報」と「情報発信」の専門家です。

　ただし、食の分野は広大です。そのため、フードアナリストには専門に特化する人も多く、「特に小籠包」、「特に漬物」、「特にタイ料理」、「特に食育」、「特にパン」など、情報の分野を特定して発信しています。

●食に関する主な資格

調理師	適切な調理法、食品の衛生管理、食材の栄養など料理における幅広い知識や技術を持っていることを証明できる資格。飲食店やホテル、病院など、多くのフィールドで活躍することができる。
栄養士	栄養に関する専門的な知識を活かし、栄養の指導などを行なうための資格。病院や福祉施設、学校、社員食堂などでの調理や献立作成、食材発注および栄養指導などで活躍できる。
管理栄養士	栄養士の上級資格であり、栄養に関してより専門的な知識を証明する国家資格。主に個人を対象に、病状や生活習慣病などの疾患を改善していくような栄養管理・指導を行っていく。
食品衛生責任者	食品の製造、加工、調理、販売を行う人や企業にとって必要となる資格。衛生管理を行い、安全な食品を提供するための知識が要求される。飲食店の営業を行う際は食品衛生責任者の配置が義務付けられている。
食品衛生管理者	食品衛生法に基づき、食品の中でも衛生上の考慮が必要な乳製品・食肉製品・添加物などを製造・加工する施設で配置が義務付けられている国家資格。
製菓衛生師	製菓技術や衛生管理などの知識を問う国家資格。パティシエや和菓子職人、パン屋さんなど製菓業界内での資格取得者が多い。
食品安全検定	食に関する問題を科学の力で解決していく力を養い、より安全な食文化の創造に寄与する人材を育成するために作られた検定試験。
J.S.A.ソムリエ	飲料全般に対する知識や技術を活かして飲食サービスを行なうための資格。レストランなどで飲料の仕入れや接客、品質管理、販売促進など、飲料に関するすべての業務で活躍できる。
J.S.A.ワインエキスパート	酒類・飲料・食全般の専門的知識とテイスティング能力を有することを認定する資格。ソムリエとは異なり、プロフェッショナルな資格ではないため、職業や実務経験年数は問われない。
食生活アドバイザー®	食生活を総合的に考える幅広い知識を持ち、適切なアドバイスで健康的な生活をサポートする食生活全般のスペシャリスト。学習を通じて食品学や栄養学、衛生管理、食文化などを幅広く学ぶことができる。
フードコーディネーター資格認定試験	多様化する食文化の中で総合的な食のコーディネート力を認定する資格。食品開発や、レストランのプロデュース、販促メディアなど、フードビジネスのさまざまな方面で活躍できる。
食品表示検定	食品表示に関する知識や理解度を測る検定試験。食品製造業、小売業など食品に関連するさまざまな業界で活躍できる。
野菜ソムリエ	野菜や果物の性質・栄養価・素材を活かした料理法や盛りつけなどに精通していることを証明する資格。

情報を発信する人も「専門家」といわれる時代に

パン専門の有名なフードアナリストを例に挙げてみましょう。

その人は、日本全国のパン屋のパン情報に非常に詳しいです。日本フードアナリスト協会内のパン食研究会や、協会内外でのパンについての講演などでも活躍されています。最近では、パンを取り上げるテレビのグルメ番組や、有名タレントの番組に1人で出演するなど活躍の場を広げています。

驚くのは有名なパンであれば、形を見ただけ、パンを触っただけ、匂っただけで、どこのお店のパンなのかを当てることが可能という点。日本全国のパン屋さんを、パンを食べるためだけに訪れる熱意には頭が下がります。

日本フードアナリスト協会が毎年11月に行う設立記念パーティにて、その人を友人のとある会社経営者に紹介したことがあります。その友人は東京・吉祥寺に住んでいたため、吉祥寺のパン屋の話でとても盛り上がったそうです。後日、その友人が、

「●●さん（その人の名前）も吉祥寺にお住まいのようで、近隣のパン屋の話でとても盛り上がったよ」

と言うので、

「いえいえ、違いますよ。彼女は千葉県船橋に住んでいるんですよ」

と伝えたら、友人は非常に驚いていました。吉祥寺に住んでいる自分でもまったく知らないパン屋や美味しいパンの情報、さらには最近できた新しいお店まで、誰よりも詳しく知っていたため、てっきりその人が吉祥寺に住んでいるものだと疑わなかったようです。

詳しいのはもちろん吉祥寺という地域だけではありません。日本全国の街に有名なパン屋があると聞けば、休みの日を利用して、その土地を訪れ、食べ歩くのが習慣になっているのです。

また、お店の情報だけでなく、パンの種類、製法、製造技術、原材料、味、そして地域性や歴史、店主の経歴や人柄にまで精通しています。特に他店のパンとの違い、特徴についても知識は豊富です。

美味しいパンがあると聞けば、飛行機に乗って北海道でも九州でも飛んでいくというその人に、

「そんなにパンが好きならば、自分で作ればいいのでは？」

と質問したことがあります。すると、

「パンを作ることは素敵なことですし、それ自体はそんなに難しいことではありません」

と答え、実際に昔は自分で作っていたことを教えてくれました。ただ、続いて

「でも、自分が食べたいのは、一流のパン職人の一流の技で焼いたパンなんです」

とも答えました。

「原材料にもこだわった、普通では手に入らないような小麦粉で作られたパンを食べたい。パンを焼く窯も家庭用の窯ではなく、最高の専門の石窯で焼いたパンを食べたいんです」

と目を輝かせていました。つまり、**「パンを食べる専門家」でありたい**と考えているのです。

インターネットが発達する前は、パンの専門家というのはパンを作る人、パン職人さんのことを指していました。ただ、インターネットが発達し、SNSを用いてたくさんのパン好きの人が、それぞれ大量の情報を発信している時代です。現代では日本中、はたまた世界中のパンの情報を誰でもネット上で閲覧できるようになりました。

パン職人はこだわりの原材料を特注のパン窯で、一流の技術を用いてパンを作りますが、自分の店以外のパンをあまり食べたことがないはずです。それはパン職人はパンを作る専門家であり、他店のパンの比較分析の専門家ではありません。

今までパンの専門家といえば、パン職人さんでしたが、現代では、「パンを食べ歩いている人」もパンの専門家と呼べる時代です。厳密にいえば、パンの情報の専門家ですが、ともあれ、パンを食べるという意味では、"パン愛好家"が専門家となります。

愛好家から専門家へ

もちろんパンの美味しさとは、パンだけに由来しているものではありません。

パンの種類、製法、製造技術、原材料、味は大切な要素ですが、焼き上がりの時間、地域特有のパンの歴史、食文化、店主の経歴や人柄など数々の要素が関わってきます。

パンの知識だけでは、パンの美味しさは語れません。

安全な食材や管理状態であるか。栄養的にはどうか。見た目はどうか。匂いはどうか。いつ作ったパンなのか。どのような調理方法なのか。味はどうか。使っている具などの旬はいつか。食材はどのようなものを使っているか。どのような雰囲気の中で販売しているのか。パッケージはどうか。ブランド力はどうか。

特にパンの中に入っている具材やクリーム、ジャムなどについては、たくさんのパン以外の食の知識が必要です。また、そのパンと合わせる料理やお酒がある場合、その知識も必

要となります。

　実際にパンを食べ歩き、それぞれのパン屋の特徴や比較ポイントを、客観的、合理的に説得力のある発信ができる人は、ひと昔前はほとんど存在せず、また重宝されることもありませんでした。それは地域を横断する人の流れが今のように多くなかった点や、情報自体が一部のテレビ番組やグルメ雑誌などに限られていた点などが考えられますが、現代では消費者サイドから発信された情報が求められることから、このような人が必要とされるようになったのです。

　以前はメーカー側、販売者側からの情報発信しかありませんでした。パン屋にしても昔から数多く存在していましたが、メーカー側や販売サイドからの情報発信では、すべてのパンが同じように見えました。しかし、現在はSNSを中心に、消費者がたくさんの情報を発信する時代です。

　フードアナリストはこうしたネットを中心とした情報も、専門の知識を持って整理・分析をする、そして客観的に合理的に中立・公正な情報に読み解いてわかりやすく発信する「食の情報の専門家」です。きちんと情報を整理・分析することが、フードアナリストには求められているのです。

　そのためには一定の専門分野についての知識だけでは、受け手の消費者に伝わりません。

　そういった理由から、フードアナリストのカリキュラムは非常に広範囲に渡っているのです。

☕ column　企業が導入するフードアナリスト資格

　現在、フードアナリスト資格を集合研修や通信教育などの社員教育に導入している企業は400社を超えています。食品企業は、サントリーHD、山崎製パン、カゴメ、ヤクルト本社、コカ・コーラボトラーズ・ジャパン、日本ハム、森永乳業、キッコーマンをはじめ、ほとんどの大手企業が導入しています。

　また食品商社は、「人財が命」の業種のため、人財教育に非常に熱心で、フードアナリストを社員に推奨しています。リンガーハットや日本アクセス、高瀬物産、関東食糧など、毎年多くの人がフードアナリスト資格を取得しています。

　その他、JTB、近畿日本ツーリストのような旅行業界、近鉄・都ホテル、リゾートトラストのようなホテル業界、全日空や日本航空のような航空業界、テイク&ギブニーズのようなウェディング業界、高島屋などの百貨店。いずれも、ホスピタリティと食の知識が不可欠な業界です。最近では三菱UFJ銀行やソニー、凸版印刷などの食品以外の企業も増えています。（敬称略）

フードアナリスト倫理規定

協会を設立した2005年、初めての教本である「フードアナリスト検定教本4級」を上梓しました。その中に「フードアナリスト倫理規定」が書かれており、その後、何度かの改正があって現在に至ります。

フードアナリストの使命

前文

　日本フードアナリスト協会（以下、「協会」という）は、「食文化」に通ずる専門家組織として飲食店の店舗評価、格付けを行い、「フードアナリスト」資格を通じて、日本の豊かな食文化の啓蒙、発展を目指すとともに社会貢献を果たし、同時に協会の地位の向上を目指すとともに社会貢献を果たし、同時に協会の地位の向上を目指すものである。本協会の権威と信用の一層の向上を図るためには、専門家にふさわしい倫理・行為ルールを確立することが不可欠と考え、ここに、「日本フードアナリスト協会倫理規定」を制定し、協会としての行為の指針を定め、同協会の普及・定着と倫理意識の涵養に努めるものとする。したがって、協会に関するすべての職務に共通する行為基準として、遵守すべきものである。

1、定義

「フードアナリスト」とは、協会が実地する検定に合格し、所定の入会金と年会費を支払い、協会が会員として認定したものをいう。

2、主たる行為基準

①「フードアナリスト」は、誠実に職務を励行し、協会の社会的信用および地位の向上に努めなければならない。

②「フードアナリスト」は、常に食に関する研鑽に精進し、その職務にふさわしい専門能力を維持し、向上させなければならない。

③「フードアナリスト」は、業務を行うに当たって、専門的見地から適切な注意を払い、公平かつ客観的な判断を下すようにしなければならない。

④「フードアナリスト」は、関係法令ならびに協会の規則およびこの倫理規定を遵守しなければならない。

3、業務行為基準

①「フードアナリスト」は、日本フードアナリスト協会の規定による店舗評価を行う場合には、すべての店舗評価を公平に取り扱うようにしなければならない。

② 「フードアナリスト」は、客観的なフードアナリスト業務の遂行を阻害しないよう注意しなければならない。

③ 「フードアナリスト」は、日本フードアナリスト協会の規定による店舗評価を行う場合には、独立性と客観性を保持するよう注意し、公正な判断を下さなければならない。

④ 「フードアナリスト」は、日本フードアナリスト協会の規定による店舗評価を行う場合には、その公平性を維持するために自らを含めて、三親等以内の親族や婚族が関与している店舗の評価は行わないものとする。

⑤ 「フードアナリスト」は、日本フードアナリスト協会の規定による店舗評価を行う場合には、当該業務に関し知り得た秘密を当会の承諾なしに他に漏らしてはならない。

⑥ 「フードアナリスト」は、協会の称号を使用する場合には、称号の権威と信頼性を保持するよう良識ある方法を用いなければならない。

⑦ 「フードアナリスト」は、日本フードアナリスト協会の規定による店舗評価を行う場合には、前回の評価より3カ月の間隔をあけないと同じ店舗を評価できないものとする。

4、懲罰規定

① 「フードアナリスト」が法令および本規定を含む本会規則の何れかに違反した場合、協会は当該「フードアナリスト」を協会から除名することができる。

② 「フードアナリスト」はその活動の中で、自らの責により協会又は第三者に損害を与えた場合には、かかる損害を直ちに賠償するものとする。

5、資格

次のいずれかに該当する場合は、フードアナリスト認定者として登録できません。

1. 成年被後見人、被保佐人、被補助人、任意後見契約に関する法律第2条2号所定の本人であっても同法4条1項の規定により任意後見監督人が選定されている者、のいずれかに該当する者
2. 禁固以上の刑に処せられる者
3. 禁固以上の刑の執行を終わり、または刑の執行を猶予された日から5年を経過していない者
4. 破産者で復権を得ない者
5. 過去に会費未納等により退会となった者
6. 過去に協会から除名処分を受けている者
7. 以上のほか理事会において著しく不適切と認められた者

フードアナリストとは④
フードアナリスト行動規範

日本フードアナリスト協会には「フードアナリスト倫理規定」があります。そしてフードアナリストとして実際に活動する場合の細かい取り決めを、「フードアナリスト行動規範」としてまとめています。

設立理念と4つの基本理念

フードアナリスト行動規範はフードアナリスト倫理規定と同様に、4級教本の1章に掲載されており、特にフードアナリストとして仕事をする場合、守るべきルールについて言及しています。

日本フードアナリスト協会の設立理念は、「尊命敬食」でした。

フードアナリスト行動規範には設立理念を補完する内容で、実際のフードアナリストとして活動をする場合、具体的に指標にすべき基本理念が4つ挙げられています。

食の情報を発信することを通じて、日本の食文化の継承と発展に寄与し、新しいメディア市場を創出すると同時に、付加価値の高い食文化の情報を世界中の人類に発信することに尽力するフードアナリストの4つの基本理念です。

基本理念① 地方の目立たないレストラン、名産品、食材などに光を当てる

フードアナリストは「食べるプロ」「食べ歩きのプロ」です。都心部にあるミシュランの星を獲得したようなレストランだけでなく、地方の地域に密着したレストランや地元の食材にも注目し、発掘し、光を当てることもフードアナリストの大切な使命です。これは知名度を全国区にするばかりではなく、大切にするということです。

また地方の集客や販売に困っているレストランや食品、食材店に対しては、食の情報と発信の専門家として集客や販売のお手伝いをすることもフードアナリストの使命です。

基本理念② 情報発信を通じて日本の食・文化についての理解を促す

他のいかなる専門分野の専門家を名乗っていても、フードアナリストである限りは日本の食・文化について研究を重ね、情報発信することでより深い理解を促します。

基本理念③ 公正で偏りのない情報発信によって食の業界を活性化する

フードアナリストの情報発信はできる限り、中立・公正で偏りがあってはいけません。科

学的根拠を示しながら、情報源もできる限り明示して、客観的、合理的、そして説得力がある情報発信を心がけなければいけません。

基本理念④　美食ではなく、敬食の精神（尊命敬食）の啓発を目的とする

美味しいもの、高価なもの、珍味をいたずらに追いかけることをせず、貴重な生命をいただくことに感謝し、食べ物を大切にする精神を、フードアナリストは自らの情報発信によって啓発する活動をします。フードアナリストの活動は大人の食育でもあります。

☕ column　学校教育に導入されるフードアナリスト講座

フードアナリスト資格を導入する大学や短大、専門学校が増えています。最近の若い人は食の常識がない人も多く、食関係の学部の学生さんに最低限の「食の基礎知識」をまず身につけさせたい、という学校側の要望がありました。そこでスタートした「フードアナリスト4級講座」です。フードアナリストのプログラムの特徴は幅広い分野の知識・教養が身につくこと。フードアナリスト4級は、食のことを何も知らない学生に、食関係の学部の専門課程を教える前に、基礎的知識を身につけるのに最適なカリキュラムとなっています。

学校開催の4級講座は、各学校に協会から認定講師が訪問して講義します。学校側は学生に告知して希望者を集めて、教室にて4級講座を開催します。1日で4級を取得できるコースが人気ですが、半年、1年間、通期で学ぶ「フードアナリスト概論」をカリキュラムに導入し、学校の選択単位にしている大学・短大・専門学校もあります。

人気の1日コースでは、日本大学、東京農業大学、女子栄養大学、中村学園大学、関東学院大学、大阪成蹊大学、久留米信愛短大をはじめ、専門学校を含めると100校以上の学校で導入されています。最近では、フードアナリスト資格を取得して就職したOB、OGからの評判を聞いて、「就職活動に有利な資格」としてフードアナリスト資格に挑戦する学生も増えてきています。

また協会も学生に対して手厚い就職支援を行っています。毎年、就職セミナーを開催。会員・導入企業所属のフードアナリストをOB、OG紹介することで人脈作り支援。また希望者には、面接指導や履歴書の書き方指導も行います。極めつけは、志望企業の代表取締役か人事部長宛ての「協会推薦状」を発行することもあり、少しでも学生の志望企業への就職ができるように支援しています。

フードアナリストの協会認定会員・正会員の典型的な活動と仕事を見ていきましょう。日本フードアナリスト協会では、認定会員、正会員向けにさまざまなサービスを実施しています。その中でも好評なのが「日本フードアナリスト協会公認名刺」の仕組みです。

フードアナリストの名刺は副業・プチ起業のため

日本フードアナリスト協会ではフードアナリスト取得した**個人認定会員に、名刺を50枚プレゼントしています。**この「日本フードアナリスト協会認定名刺」は単に名刺というだけでなく、**事務所代行・秘書代行サービス、プチ起業・副業応援サービスが付与されています。**これは個人認定会員だけのサービスであり、名刺の追加は100枚単位で購入可能です。

　ほとんどの個人会員は個人認定会員のため、個人会員向けのサービスといえます。

　個人で活動をしている認定フードアナリストが、食のイベントなどで名刺交換をした場合、日本フードアナリスト協会の住所と電話番号の入った名刺で連絡先を伝えます。自分のプライベートな住所や電話番号を明かす必要はありませんので、特に女性のフードアナリストの方々から好評です。後日、相手からの連絡は名刺に書いてある協会にしてもらうため、安心です。

　電話がかかってきたら協会では、

「常駐している者ではありませんが、連絡をこちらから取ることができます」

「●●から折り返し電話を差し上げます」

　と、やり取りをして、本人に折り返しする主旨の連絡をします。

　メールであれば、転送します。郵送物は一度写真を撮って送信し、メッセージの「破棄」、または「転送」を選んでもらいます。転送の場合は着払いで送ります。何度か連絡しますが、3カ月ほど経過しても当該フードアナリストと連絡が取れない場合は、最終通知後、協会で破棄します。

　協会では認定会員、正会員の皆さんに、フードアナリストを生業や副業とするためのノウハウや知識の講座や研究会を毎月開催するとともに、週2回（月曜日と木曜日）発行しているメールマガジンを通じて、各企業からの仕事依頼や大学・短大・専門学校への講師依頼

など、数多くの仕事をお願いしています。

　このように協会では、受講者が学びやすく働きやすい環境整備すること、実際の仕事をするための知識とノウハウを学べるセミナーや研究会の充実に向けて努力しています。

●協会認定会員・正会員の典型的な活動と仕事

項目	個人認定会員	個人正会員	準会員
個人年会費	1万1000円（法人認定会員の正社員は無料）	無料（認定会員として活動する場合は5000円／1人）	×
名刺	協会の住所・電話番号使用可、郵送物・荷物の転送サービス	自社の名刺に記入可能	使用不可
電話対応	電話対応サービス（折り返し連絡要を通知）	電話対応サービスなし	×
各種セミナー参加	無料もしくは認定会員価格（正会員の半額程度）	正会員価格	正会員価格の3倍程度
各種研究会（協会主催）	無料	正会員価格	正会員価格の3倍程度
業界セミナー開催	無料	2万円〜	正会員価格の3倍程度
仕事依頼	優先	標準	×
サンプリング（1000個）	無料で受け取れる	無料で受け取れる	受け取れることもある
認定講師（大学や専門学校等でフードアナリストの講義）	認定講師の講師料金	個人認定会員の7割	×
食育ティーチャー（小学校等で食育の講師）	食育ティーチャーの講師料金	個人認定会員の7割	×
フードライター依頼	5000円／1本〜	2000円／1本〜	×
タレントとして派遣依頼	2万円〜	5000円〜	×
ブロガーとして派遣依頼	5000円／1人〜	3000円／1人〜	×
審査員依頼	1万円〜	5000円〜	×
グループインタビュー	5000円〜	3000円〜	×
ミステリーショッパー依頼	5000円／1件〜	3000円／1件〜	×

フードアナリスト・プログラムの特徴

フードアナリストは食の情報を「受信」し、「収集」、「読解」して、「発信」するプロフェッショナル。フードアナリストのプログラムは4級から1級まであり、級が上がるごとに役割と仕事内容が変わってきます。

フードアナリストのカリキュラムには語学が必修

●協会が規定している各級の役割と仕事

フードアナリスト4級	食の情報を受信する。フードアナリストの基礎資格。食の情報の受信力を高める。フードアナリストとしてのスタートラインに立ち、経験と知識を高める。
フードアナリスト3級	食の情報を収集する。食育ティーチャーという食「情報」育の専門家となれる。食育の先生として「食の情報」「情報発信」の考え方を小学生に教える。アンテナに響いた食の情報を収集する。
フードアナリスト2級	食の情報を読み解く。フードアナリスト全体のリーダー。2級になると、フードアナリスト修習プログラム（4級、3級、2級）の認定講師の資格を取得できるようになる。認定講師になると、大学や専門学校で講師も。食の情報を読み解くことができる知識とノウハウ、経験を積む。
フードアナリスト1級	食の情報を発信する。食のコンサルタント、アドバイザーとして仕事をする。講演をしたり、メディア出演やコメント、執筆をする。フードアナリストの最高峰として活躍。フードジャーナリスト、フードコンサルタント。

フードアナリストのカリキュラムの特徴は、なんといってもその守備範囲の広さにあります。「食は生命なり」という理念のもと、食の知識だけでなく、食を美味しくする要素についてもしっかりと習得ができる内容です。

　まず大きな特徴は、語学が必修な点。4級では英語、3級ではフランス語、2級では中国語が必修となっています。

　レストランでの簡単な会話からメニューや食材の単語がある程度わかる語学力が必須です。基本的には中学生1年生レベルの基礎的な語学力ですが、語学はその国の食文化とも密接に関わっているため、フードアナリスト学ではカリキュラムに入れています。各語学とも、その語学の初学者でも数カ月の勉強で十分合格できる難易度の内容です。

●4級のカリキュラム

4級では「食の情報を受信する」フードアナリストとしての基礎的な内容を学びます。

内容としては、インターネットの台頭と食情報、ミステリーショッパーについて、取材と文章のルール、食の安全性、放射能と食の安全、食の安全の法律、格付けの歴史、ミシュランやゴ・エ・ミヨなどのレストラン格付け情報についてなど、フードアナリストとしての基礎を学びます。

外国語では、レストランでの簡単な英会話、メニューに頻出する英単語、魚や肉、野菜、飲料などの英単語を中心に勉強します。

また、日本語の正しい使い方についても学習します。その中にはファミリーレストランやコンビニエンスストアの店員が使う「バイト敬語」も含まれます。

例として、以下のようなフレーズです。

「こちらがハンバーグ定食になります」「1000円からお預かりします」「ライスのほうはおつけしますか?」「お箸はよろしかったでしょうか」

実はこれらは正しいフレーズではありません。ただ、どこが間違っているか、なかなかわからないでしょう。

さらに、食空間の知識として世界中の料理の特徴を学びます。食品では主だった食材、飲料ではビールやワイン、ウイスキーやジン、ブランデー、ラム、ウォッカ、リキュールの種類やカクテルの作り方まで学びます。コーヒーの種類や主なロースト区分、ウーロン茶、紅茶、緑茶、ココアから炭酸飲料やジュースまで学びます。

食の格言やことわざ、文学作品の中に出てくる料理、食材になる植物やハーブの花言葉も学びます。パンやお菓子の種類、サービスとテーブルマナーではレディファースト、プロトコールとエチケット、日本料理のマナー、日本料理を食べるコツ、懐紙の使い方、箸の基本的なマナー、西洋料理のテーブルマナー、中華料理のテーブルマナーなど、世界の料理マナーの違いなども比較しながら知識を深めます。

テーブルデザインなど食空間の演出についても学びます。有名洋食器メーカー、有名な焼物(陶器・磁器)、インテリアでは有名な家具メーカーまで網羅しています。

●フードアナリスト4級の教本内容

第1章	格付けとフードアナリスト倫理規定
第2章	食空間コミュニケーション
第3章	食空間の知識と教養
第4章	菓子・パン
第5章	サービスとテーブルマナー
第6章	食空間の演出

●3級のカリキュラム

　3級のカリキュラムは、食育・食文化を中心に組み立てられています。

「食生活指針」と「食事バランスガイド」を中心に、食育、レストランでのフランス語、「ソースの芸術」と呼ばれるフランス料理の歴史、郷土料理、ソースについて学びます。

　ヨーロッパから東洋および日本のホスピタリティ文化、食と栄養、ワインとチーズ、ヨーロッパ菓子などを詳しく学びます。

●フードアナリスト3級の教本内容

第1章	食育
第2章	食空間コミュニケーション
第3章	ホスピタリティ
第4章	食と栄養
第5章	ワインとチーズ
第6章	ヨーロッパ菓子
第7章	食と芸術・文化
第8章	インテリアとテーブルデザイン
第9章	日本と伝統と食文化
第10章	地球環境と食

　さらに絵画の中に出てくる食として、古代の壁画からレンブラント、ゴッホなどの絵画に描かれた食について背景や文化を学びます。食と音楽は、マーラーやベートーヴェンはもちろん、美空ひばりから乃木坂46まで、流行歌の中に出てくる食についても学びます。

　映画と食の節では、『太陽がいっぱい』から『ショコラ』『チャーリーとチョコレート工場』、最近の映画まで、映画の中で象徴的に描かれている食について考察を試みます。

　インテリアとテーブルデザインの章ではトイレやテーブルクロス、洋食器や色彩と味覚の関係などもカリキュラムに入っています。

　日本の伝統と食文化では、茶道や華道の主だった流派と特徴、書道、香道まで、幅広く概略を学びます。日本の伝統行事の中では24節気と72候を学び、日本の四季と旬を詳しくまとめています。日本の祭りについては詳しくは2級の範囲ですが、なぜ日本人が祭りを大切にしているか、日本の祭りと食文化がどのように関わってきたかを習います。

　そして最後は、「地球環境と食」として、自然の中の人間や、生態系におけるリサイクル、食生活と環境について考えていきます。

●2級のカリキュラム

　フードアナリストは2級から一挙に難しくなります。2級になると、教本は上・下巻の2冊となります。

上巻

　3級が西洋、ヨーロッパの食文化が中心だったのに比べて、2級になると中国や韓国、タイ王国など東南アジアの国々の食文化を学びます。

中国料理、韓国料理、タイ料理の特徴はもちろんのこと、レストランでの中国語会話、中国語での料理名、調理法や食器の中国語などの語学も学びます。

日本の食器では、日本の焼き物の歴史、基礎知識、産地、陶磁器の盛りつけなどを学びます。同様に中国や朝鮮半島の有名な陶磁器も学んでいきます。陶器以外の食器については、ガラス器、漆器、中国

●フードアナリスト2級の教本内容

上巻	第1章	アジアの食事情
	第2章	食空間コミュニケーション（中国語編）
	第3章	アジアの食器
	第4章	漢方や薬膳
	第5章	調味料と香辛料
	第6章	日本の伝統食文化
	第7章	日本の調理法・調理用語
下巻	第8章	日本各地の名産品
	第9章	中国茶・日本茶・紅茶
	第10章	日本とアジアの銘酒
	第11章	有名店の歴史と特徴
	第12章	食空間での表現力
	第13章	マーケティングとレストラン経営
	第14章	食空間の法律

の食器、韓国の食器、津軽塗や輪島塗などの日本の代表的な漆器などの知識を深めます。

漢方と薬膳の項では、調味料と香辛料を中心に、塩、砂糖、酢、醤油、味噌、その他香辛料を一つひとつ丁寧に見ていきます。節句で食べる食、日本各地の代表的なお祭り —— 北海道の雪まつりから青森ねぶた、鹿児島のおはら祭り、沖縄の与那原の綱引きなど。

下巻

下巻ではより具体的な日本や世界の食を学びます。

下巻の初めには「日本の名産品」として、全国のブランド和牛、銘柄豚、銘柄鶏、ブランド野菜や魚介類も学んでいきます。

お茶についても、日本茶、中国茶、紅茶を詳しく見ていきます。日本酒については、日本酒の歴史、酒類、製造方法、原料の米、そして日本酒の楽しみ方や日本全国の主な日本酒の銘柄についても見ていきます。同様に焼酎や泡盛も学びます。

2級の特徴は、より「具体的に」、より「実践的に」です。

その特徴が一番現れているのが、「有名店の歴史と特徴」の章であり、「シャトーレストラン　ジョエル・ロブション」「銀座ロオジエ」「聘珍樓」「吉兆」「すき焼き　浅草今半」など、具体的な日本を代表する料理店について学びます。

食と食空間を表現するための文章の基礎や、レストランを経営するためのマーケティングの知識を学ぶのも2級の下巻です。

2級では1次試験と2次試験があり、それぞれ2科目が課せられます。

●1級のプログラム

フードアナリスト1級の合格率は3%程度、かなりの難関資格といえます。

1級の教本は4冊。広範囲なうえに、かなり専門的な内容になっています。

1級は1次試験（筆記試験）、2次試験（口頭試問、味覚官能試験、色彩試験）、3次試験（筆記試験）の3回の試験をすべて合格しないと取得できません。4冊ある教本の1冊につき1科目で、1次試験と3次試験の筆記試験ではそれぞれ4科目を受験します。

●フードアナリスト1級の教本内容

	第1章	フードアナリスト概論
	第2章	食の感覚と表現
第1巻	第3章	フードアナリスト食事作法論
	第4章	食文化史
	第5章	世界の料理店
	第6章	ミステリーショッパー論
	第7章	飲食店プロデュース論
第2巻	第8章	商品開発論
	第9章	外食産業論
	第10章	フードアナリストブランディング論
	第11章	フードアナリスト教育論
	第12章	日本の飲料・食品メーカー
	第13章	世界の飲料・食品メーカー
第3巻	第14章	フードアナリスト観光概論
	第15章	フードアナリストメディア論
	第16章	フードアナリストと調査
	第17章	美味学
	第18章	味覚と官能検査
第4巻	第19章	環境食文化論
	第20章	食品調理機能学
	第21章	食の安全基準
	第22章	世界の食品認証制度

1級では、4級から2級までのように語学は課せられていませんが、筆記試験の他に、口頭試問、味覚官能試験、色彩試験が課せられます。

●1級の2次試験内容

口頭試問	3分間の自己アピールと、4級から1級の範囲から5問出題されます。1級の内容だけでなく、4級、3級、2級の内容についても高い理解を求められます。
味覚官能試験	8つの紙コップに、蒸留水に微量の味がついていて、「酸味」「苦味」「甘味」「塩味」「うま味」の五味と「無味」（何も味がついていない水）をすべて当てなければいけません。フードアナリスト協会では、2級までは味については問いません。「味覚は大切にしますが味覚は問いません」というスタンスです。それは食文化など、「食の情報の美味しさ」について知悉することに重点を置いているからです。しかし1級はフードアナリストの最高峰です。微妙な味の違いも鑑別できる能力が必要とされます。
色彩試験	1級では「食の情報を発信する」がテーマですので、色を正確に表現する、特に和の色を覚えます。「茜色」「新橋色」「銀鼠」など典型的な和の色彩を52色学び、色彩カードを見て正確に答える色彩試験が課されます。

第3章

食の情報を
「受信」する

フードアナリストが広範囲なジャンルを学ぶ理由

「環世界を広げる」の意味

フードアナリスト学では、食に関わるあらゆる分野を横断的に身につけていきます。では、どうしてフードアナリスト学では、なぜここまで広範囲の内容を学ぶのでしょうか。それは「環世界を広げる」という考え方がベースにあるからです。

生物は個体によって異なる世界を持つ

環世界（Umwelt）は、ドイツの生物学者・哲学者、ヤーコプ・フォン・ユクスキュルが提唱した生物学の概念を指します。「環境世界」とも訳されますが、簡単にいえば、**すべての動物は「環世界」＝「環境に埋め込まれた存在」として捉える考え方です。**ヤーコプ・フォン・ユクスキュルによると、生物は個体によってまったく異なる世界（環境世界）を持つと主張されています。

つまり、すべての生物はそれぞれ種別に特有の知覚世界を持って生きており、その主体として行動しているという考え方です。

生物はこの地球上で、長くて厳しい生存競争を戦いながら、進化を遂げてきました。無限の情報と無限の可能性にあふれた世界から、自身の生存に必要な特定の情報だけを選択して感受、また特定の世界の部分に対して行動をとってきました。

この情報選択と特定行動とは密接に結び合っており、生物はこの2つによって、環境へと深く根ざしているのです。生物から見た世界は、この結果、閉じられた世界となります。

そして、この**閉じられた世界のことを、「環世界」と呼ぶのです。**

ミツバチやチョウは紫外線が見えると分析されています。そのため、私たちが見ているこの世界とは違う世界が見えていることでしょう。超音波で空間を把握するコウモリには、独特の環世界が存在しているはずです。また嗅覚の優れたイヌは"イヌの環世界"、視覚に優れたワシには"ワシの環世界"、味覚に優れたナマズには"ナマズの環世界"を持っています。

つまり、各生物ならではの環世界を持っていると考えられるのです。

【Profile】
ヤーコプ・フォン・ユクスキュル

1864年9月8日 ― 1944年7月25日。エストニア出身のドイツの生物学者・哲学者。動物を単なる客体ではなく、知覚と作用を行う主体とみなすことによって、動物自身が知覚し、作用する世界である環世界（Umwelt）という概念を提示し、後の生命記号論（biosemiotics）のもととなった。

ユクスキュルは、森の中に住むキツネやタヌキなどに寄生するダニを例にとって説明しています。ダニは世界中に多くの種類が生息し、イヌやネコだけでなく人間にも寄生する、動物にとって最も一般的な外部寄生虫です。日本では主にネコノミが、イヌやネコの体表に寄生します。

ユクスキュルは著作の中で、ダニの一種であり、吸血の習性を持つマダニの環世界を説明しています。以下、その概要です。

「マダニは、目と耳にあたる器官がありません。その代わりに、嗅覚、触覚、そして温度を感じる能力を備えています。マダニは木の上に潜んでいて、通りかかる動物（哺乳類）が発する微量な酪酸の匂いをかぎとることで察知します。さらに体温を感じ取ることで、動物の位置を感知して、彼らの上に落下するのです。あとは触覚によってその動物の毛が少ない部分へと進み、血を吸って栄養を取ります」

ユクスキュルの説明では、マダニは木に棲んでいることを意識しないし、時間の流れも感じていないとのこと。つまり、どのくらい待っているかなどの時間の感覚はありません。マダニにとっての世界とは、匂いと温度と触った感じだけで作られるものなのです。

この例は知覚がポイントですが、さらに踏み込んでいえば、自分にとって意味があるかな

☕ column　イヌの視覚世界における環世界

私たち人間とイヌとでは、実は見えている世界が違います。

人間が眼で見える色は、光の三原色が基本です。三原色とは、赤・緑・青の3色のことを指しますが、人間の視覚、つまり見えている世界は、これらの3色の光に反応する色覚の仕組みとなっています。そして、この色を判別するための細胞は錐体細胞と呼ばれ、人間には赤錐体・緑錐体・青錐体の3種類の細胞があるとされています。

これに対してイヌは2種類の錐体しか持っていないうえ、人の錐体細胞の6分の1程度しか存在しないため、イヌの見ている世界は、白と黒のモノトーンだとずっと考えられてきました。

その後、1989年に発表された論文により、イヌは白と黒ではなく、2種類の色を認識できることが判明しました。イヌが認識できる色調は、「赤・オレンジ・黄・緑」グループと、「青・紫」グループの2種類。どちらの色のグループも、ひとつの色調として認識しています。つまり、濃淡が映るというのです。

ということは、イヌにとっては赤も緑も同じ色調に見えていることとなり、逆にいえば赤と緑の見分けがつかないということになります。

これが視覚世界におけるイヌの環世界です。

いか、ないものは知覚しない、もしくは知覚しようとしないという考え方もできるかもしれません。

環世界を広げられるのは人間だけ

　この世界の生物はこの世界で生きていることには変わりはありません。しかし、実はすべての生物は皆、それぞれ違った世界に暮らしています。つまり、私たちがいる世界は全然違うということなのです。

　生物学者であるヤーコプ・フォン・ユクスキュルは、「すべての生物は、それぞれ異なる時間と空間を生きている」と表現し、前述したようにそれぞれの世界を「環世界」と名付けました。そして人間にもそれぞれ、環世界があります。国籍、背が高い人と背が低い人、男性と女性、年配者と若年者、兄と弟……。すべて違った環世界の中で生きています。

　食べ物が余っている先進国で育った日本人と、今日の食べ物がない発展途上国の人では環世界が違います。育ってきた環境によって、環世界は異なるのです。

　ただ、人間には人間の感覚があり、人間の知覚があります。そして**人間は学んで知識を得ることや経験を積むことで、環世界を広げることができるのです。**

　ポイントは、それらの環世界はもともと持っていたものではないという点。私たちが「知識」と「経験」を得ることで広がった環世界なのです。

　そして知識によって環世界を広げることができるのは、私たち人間だけです。環世界を広げることで、私たちは日常の暮らしを豊かで楽しいものにすることができます。

環世界は知識や経験によって広がる

　環世界は、食の世界において最も広がります。日本料理もフランス料理も中華料理も、ワインも日本酒もウイスキーも、緑茶も紅茶も、サービスやホスピタリティ、容器もカトラリーも、知れば知るほど、食は豊かで楽しく、そして美味しくなります。

　唯一忘れてはならないのは、「食べること＝生きること」である以上、すべての食や関係する要素は、複雑につながっているという事実です。

　環世界を広げるとは、「受信力」をつけるということ。食に関係するあらゆる知識を身につけることで、受信力は高まり、多種多様な側面から食の情報を把握することができます。

☕ column　コスモスを見て思う環世界

　残暑が厳しい夏に山道を歩いていると、ピンク色のコスモスが咲いていました。

　花に興味がない人は気づきもしないで、そのまま歩き続けます。

　そのピンク色の花の名前を「コスモス」と知らない人は、単にピンク色の花が咲いているなと思う程度で、その場を立ち去るでしょう。

　その花がコスモスだ、という情報を持っている人は、

　「ああ、今年もコスモスが咲き始めた。そろそろ秋が近づいているのか。このあたりは山腹なので、平地よりも高度が高いから気温も低く、街中よりも早く咲いているのだろう」

　と、しみじみとコスモスを眺めるでしょう。

　コスモスの花は和名では「秋桜」と書き、ピンクや白に加えて、濃赤、黄やオレンジ色の花を咲かせます。性質はいたって丈夫で、日当たりと風通しがよい場所であれば、あまり土質を選ばずに育ちます。

　日本の秋の風物詩となっているコスモスは、コスモス・ビピンナツス（Cosmos bipinnatus）という種類で、秋になると道路わきや休耕地で、ピンクや白い花を咲かせて群生しています。

　このコスモス・ビピンナツスは、日が短くなると花芽をつける短日植物なので、かつては夏に種をまき、秋に花を楽しむものでした。和名の秋桜は「あきざくら」とも「コスモス」とも読み、その開花期である秋にぴったりな花です。コスモスの群生は、日本の秋の風物詩でもあります。

　また、コスモスの花言葉を知っていたら、どうでしょうか。

　コスモスの一般的な花言葉は「乙女の純潔・乙女の真心・美麗・調和・謙虚」です。可憐に清楚に謙虚に咲いている姿が、乙女の純潔、真心、謙虚という花言葉にぴったりです。もしそんな花言葉を知っていたら、山道でコスモスを見かけた時、その可憐で清楚な立ち姿を目の当たりにして、一生懸命に咲く乙女の純潔・真心・純真まで感じるかもしれません。

　さらに山口百恵さんが歌った名曲『秋桜』（作詞・作曲：さだまさし）を知っていたらどうでしょう。この歌詞の中に出てくる「此頃涙脆くなった母」というフレーズから、自分の母親を想うかもしれません。

　兄弟デュオである狩人が歌った名曲『コスモス街道』（作詞：竜真知子／作曲：都倉俊一）を知っていれば、「右は越後へ行く北の道、左は木曽まで行く中仙道」という歌詞から避暑地軽井沢町に想いを馳せるかもしれません。

　流行り歌がある一方、斎藤茂吉や与謝野晶子などの歌人も、コスモスを多く歌っています。それぞれの短歌世界の背景に想いを馳せ、芳醇な香りがする思い出にふけることもできます。

　このように山道に咲くコスモスひとつから、いろいろな環世界が広がります。

コスモスを見てどのように思うかは、人それぞれの環世界によって異なる。

それは「生きる」ことと同じぐらい多種多様です。なぜなら、この地球上に存在する77億人全員が違った環世界を持っており、また親子、姉妹、兄弟と同じ環境で育ったとしても、まったく同じ環世界を持っているわけではないと考えられるからです。**そして環世界が違えば、「美味しさ」も違います。**つまり、100人いれば100通りの環世界があり、すなわち100通りの「美味しさ」があるのです。

　同じく環世界は知識と経験によって広げることができ、食の環世界を広げることで料理、食材、食品をより美味しくすることができます。そしてそれは生活を豊かで薫り高いものにするのです。

　日本フードアナリスト協会では、「教育とは一生学び続けることができる仕組み」と考えます。食は生きることそのものです。生き方を学ぶことに終わりがないように、フードアナリストは、学び続ける力によって環世界を広げ続けます。逆にいえば、食の学びは一生かかっても習得しきれないのです。

☕ column　フードアナリストの資格者の声②──学生

食文化の知識がある方が人間関係にも広がり
大学生（取得当時）・現在外資系生命会社勤務、玉置雄一さん

　「私は大学3年生の時、4級を取得。卒業後、証券会社に就職。お客様はいわゆる富裕者層が多く、文化や食というものに大変関心が強い人ばかりでしたので、この資格で得た知識は非常に役立ちました。仕事の話しかできないというよりは、食文化の知識があるほうがよっぽど広がりが出ると思います。食を職としない人でも、思いがけなく日々役立っている、とても奥深い資格であると思います」

就職面接で手ごたえ
大学生（取得当時）・現在食品総合商社、20代男性

　「就職試験の面接官もたまたまフードアナリストでしたので、フードアナリストの話で盛り上がり、好感を持っていただき、内定をいただくことができました。4級は1日で取れて資格欄に書けるので、就職活動が始まる前に絶対取っておくべきだと僕は思いました。今は食品総合商社で営業職として働いています。今の会社で働けているのはフードアナリスト資格のおかげです。ありがとうございました」

食の情報を扱うフードアナリスト **データと情報の違い**

フードアナリストは「食の情報」の専門家です。情報を受信し、収集し、読み解き、発信します。では、私たちフードアナリストが扱う情報とは、どのようなものでしょうか。この項では情報について考えてみましょう。

データは事実、情報は判断軸

1995年にWindows95が発売になって以来、IT革命が一気に進みました。ITとは、Information Technology（インフォメーション・テクノロジー）の略で、日本語では「情報技術」と訳されます。このIT革命により、消費者サイドからの情報発信が容易にできるようになりました。それまではメーカーさんや販売者さんなどの業者サイドからの一方的な情報発信しかありませんでした。この**双方向に情報発信ができるようになったことが、IT革命の一番の特徴**だと協会では考えています。

IT革命によって、おびただしい数の情報がネット上にあふれる時代が来ました。FacebookやInstagram、Twitter、YouTubeなどのSNSでは、一般の消費者から毎日大量の情報の配信が行われています。

では、情報とデータの違いとは何でしょうか。

私の手元にある「角川新版実用辞典第二版」によると、下記のように記載されています。

データ

①判断の根拠となる事実・事柄。

②コンピュータで、処理する対象となる形の情報。

情報

①物事の事情・状況についての知識・報告（の内容）

②information インフォメーション

日本フードアナリスト協会では、**データとは「事実・事柄」を指し、情報は「データに評価を加えたもの」を指す**と定めています。つまり、データは事実そのもの、そして情報とは判断軸となるものと捉えます。言い換えると、情報とはデータを元に意思決定できるものにしたものが考えられます。

助動詞がつくことでデータは情報に変わる

　データは事実そのものです。数字で表される
ことが多くあります。

　では、データと情報の違いを具体例を挙げて
考えてみましょう。

　買い物に行ったスーパーマーケットの店頭で、
あるフランスの赤ワインが3000円で売っていま
した。それを見たAさんが

「わーすごい、●●のワインが3000円で売っている！　3000円しかしない」

　と言ったとします。

　●●というブランドのワインが3000円で売っているという事実はデータです。事実その
ものですね。

　しかし、「3000円しかしない」の「しか」という助動詞が入ると、そのワインの3000円
という値段に対する評価が入ってくるため、「情報」となります。「しか」という助動詞が入
るだけで、Aさんにとってこのワインは単に3000円という値段だけではなく、「安い」とい
う情報となって口から発信されています。反対に

「えー、●●のワインが3000円もしている」

　と言ったらどうでしょう。「3000円もしている」の中の「も」という助動詞が、このワイ
ンがAさんにとって「高い」と感じているという情報になります。

「しか」や「も」という助動詞があるだけで、3000円という値段が値段だけではなく、「安
い」「高い」という情報に変わります。

　人間はデータを誰かに伝える際、必ず評価を加えて発信しています。「しか」や「も」が
入らなくても、**声のトーンや大きさ、顔の表情などでも、事実に評価を加えて情報にしてい
るのです。**

情報氾濫の時代だからこそ、フードアナリストが必要

　情報を与えずに事実を淡々と発信する人を、「ポーカーフェイス」といいます。これはカー
ドゲームのポーカーをする際に、顔の表情で情報を発してしまうのを避けるために無表情で

ゲームをする様子から由来されます。この言葉が生まれること自体、人間がいかに顔の表情や目の動きなどでも情報を発信しているかがわかります。

データは事実そのもので、情報はデータに評価を加えたものです。人間の言葉を介すると、どうしても評価が加えられ、情報として発信されます。

つまり、**情報には発信者の思惑が入っているわけ**です。

現在、インターネットの社会では、Instagram、TwitterなどのSNSで大量の情報が発信されています。ひと昔前は情報が多い、少ないという議論になるぐらい、情報を取得すること自体に意味がありました。しかし、今では情報の量が多すぎて情報の質が問われる時代となりました。

前述したように情報には、情報発信者の思惑が入っています。情報について、情報発信者の思惑、状況を吟味して情報を選ばないといけない時代です。

情報の9割以上が「食の情報」だといわれています。

芸能人の情報、エンターテインメントの情報、政治の情報は、事実は1つで情報が拡散しているだけですが、食の情報は日本人約1億2500万人の中の、赤ちゃんなどを除いて約1億2000万人は、毎日3回は「食の情報」を取ります。

「朝ごはん、何を食べようか」

「今朝のコーヒーはどんな銘柄にしようか」

「ランチ、どこ行こうか」

「今夜のおかずは何にしよう」

インターネット上には、無数の情報があふれ、その中には思惑の入った情報も多く見受けられます。販売目的で業者さんが拡散している広告も含めて情報です。

情報があふれている時代だからこそ、それぞれの情報を「受信して」「収集して」「読み解いて」「発信して」くれるフードアナリストが必要とされています。

情報発信者のそれぞれの立場も理解して、科学的な根拠も明示して、「客観的に」「合理的に」「中立に」「公正に」、そして「説得力のある」発信ができるプロフェッショナルがフードアナリストです。

情報が氾濫している現代社会だからこそ、フードアナリストのような説得力のある情報を発信してくれる情報発信者は、ますます必要とされると考えられます。

フードアナリストが発する情報 **9つの食の情報**

フードアナリスト学で、最初に学ぶのが「9つの食の情報」です。「9つの食の情報」は、4級教本の第1章に出てきて、「安全情報」「栄養情報」「新商品情報」「うまいもの情報」「鮮度情報」「調理情報」「味覚情報」「旬情報」「食材情報」の9つがあります。

9つの食の情報

①安全情報

　食の情報で一番大切な情報は、安全であるかどうかです。身体に対して害を及ぼす可能性が高い含有物が入っている食材の情報に対して、フードアナリストは第一に把握し、発信しなければいけません。毒素、農薬、健康に害をなす食材、最近では放射性物質を含んだ食材などがあります。

　私たちが口にするものは、まずは安全であることが大前提です。同じりんごでも、「農薬を大量に使用して作ったりんご」と「農薬を使わずに作ったりんご」では、安全面ではもちろんのこと、「農薬を使わずに作ったりんご」のほうがほとんどの人は美味しいと感じます。

●9つの情報

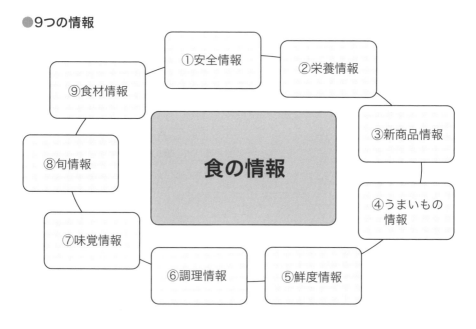

②栄養情報

　その料理、食品、食材にどのような栄養が入っているかという情報も、食の情報の中では大きな要素を占めます。どのような栄養素が、どのくらいの量で含まれているかは重要な食の情報です。

　例えば、「ビタミンCがレモン2000個分」と言われれば、健康的で、元気になれるように気がします。

③新商品情報

　現代の食品メーカーやレストランでは、飽きやすい消費者のニーズに応えるために、新商品開発に力を入れています。新商品は、その食品メーカーやレストランが将来を賭けて開発したものであり、既存の商品と比べてなんらかの工夫やアイデアが加えられています。新しく開発された商品であれば、そうした新しい工夫やアイデアを、食の情報のひとつとして捉えることができます。

④うまいもの情報

　うまいもの情報とは美味しい情報のことです。100人いれば100種類の「うまいもの」があります。人それぞれに違う「うまいもの」ですが、自分が「うまいもの」と思った情報を、最近ではネットを中心としてメディアに発信している人は大勢います。
「あの店の土手焼きは日本一だ」「ここの店のすき焼きは東京で一番だ」など。
「うまいもの情報」とは、それぞれ個々人が「うまい」「美味しい」と考えた情報のことを指します。

⑤鮮度情報

　鮮度情報は重要な食の情報です。特に、素材の芸術（旬の芸術）と呼ばれている日本料理では重要度はさらに増します。野菜や果物、魚介類などがいつ採取、漁獲されたかの情報は、食の美味しさの情報に直結するからです。

　具体的には「朝採れトマト」「今朝、銚子港で上がったばかりのサンマ」などが鮮度情報に当たります。レストランでは「注文を受けてから裏の畑で収穫して30分以内に調理したサラダ」などが該当するでしょう。

⑥調理情報

　どのように調理したかについての情報です。日本料理には五法（生、煮る、焼く、揚げる、蒸す）という基本の5つの調理法があります。例えば、ある有名なフレンチレストランの調理情報としては「3分オーブンで焼いて、その後外に出して1分冷ます。これを50回繰り返してポークをローストします」というものです。単純計算で200分かけて丁寧に優しく焼いたポークを食べてみたいと思わせる調理情報といえるでしょう。

⑦味覚情報

　どのような味がするかという味覚情報は、食の情報の中では最も重要な情報の1つです。

　五味（甘味、塩味、酸味、苦味、うま味）を「基本五味」と呼びますが、フードアナリスト学では2級までは「味覚は大切にするが、味覚は問わない」としています。美味しさの中の味覚は5％以下。味覚以外の食の情報の部分、食文化や食の知識をまず学びます。

　味覚については、1級になって初めて「味覚官能テスト」が課せられ、高度な味覚感覚が問われます。

⑧旬情報

　四季がある国、季節がある国（例えばベトナムは夏と梅雨しかない）には必ず旬があります。特に日本には美しい四季があり、四季折々の旬の食材があります。

　旬とは、魚介類や野菜・果物などが最も味のよく、それが市場に出まわる時期のこと。また旬の食材は、もっとも栄養分が豊富といわれています。

　旬の情報は、特に日本の食にとっては特別な意味があります。

⑨食材情報

　どのような食材であるか、ということは食の情報の中で最も重要な情報の1つです。「●●おじさんが丹精込めて作った」「全体のスイカの3％しかない希少な」とか言われると、その食材や食品が美味しく感じることもあります。生産者情報や食材そのものの情報であり、他の8つの情報に当てはまらない情報も食材情報に含まれます。

高感度情報化社会に必要な能力
情報を取捨する「受信力」とは？

以前は情報を受信するには、収集が一番大切なプロセスでした。しかし、情報があふれかえっている情報化社会の現代では、情報を取捨する感性力が最も必要であり、試される時代といえます。

情報化社会ではネットが主戦場に

食べることは生きること。生きることは食べること。

食べることを把握するには、生きることを学ばなければいけません。

時代は「情報化社会」から「高感度情報化社会」へと移行しています。

情報が大きな社会的なファクターとなり、さまざまな情報に関わる活動が多い社会を「情報社会」と呼びます。そのような社会への移行している社会（情報化が顕著である社会）を指して、「情報化社会」と考えられています。

1990年代半ば以降、インターネットや携帯電話の普及に伴い、情報社会や情報化社会の語、概念は広く用いられるようになりました。特に1995年は、Windows95の発売による情報社会への大きな転換点と考えられ、IT革命が起こった年だと私は考えています。

情報化、情報社会という考え方自体は、1960年代前半にはすでにありました。1980年に出版されたアメリカの未来学者であるアルビン・トフラー著書『第三の波』の中にも、「情報革命」という名称は出てきます。その著書の中でアルビン・トフラーは、「『第一の波』を農業革命の波、『第二の波』を産業革命の波、『第三の波』は情報革命の波」と説明しています。情報革命は、人類に歴史上最大の変革をもたらす革命です。

情報化社会という言葉自体は基本的に、批評家、未来学者、官僚、社会学者など、時代の変容や大規模な社会変動を考える人々によって使われてきたと考えられます。

情報化社会とは、コンピュータの容量と処

●インターネットの歴史

1994年	Yahoo！誕生（米国）
	Amazon誕生（米国）
1995年	Windows 95の発売
1998年	Googleサービス開始（米国）
1999年	iモード開始
2001年	Yahoo！BB開始
2004年	Facebook誕生（米国）
	mixi誕生
2005年	YouTube設立（米国）
2006年	Twitter設立（米国）
2008年	iPhone 3G
	android発売
2010年	4Gサービス開始
	Instagram開始
2011年	LINEサービス開始
2020年	5Gサービス開始

理速度に伴って進展してきました。実用型のコンピュータが初めて世に出たのが1940年代とされていますが、それ以来、処理速度が上がり、特にIT革命が起こった1995年以降、コンピュータの大衆化が進んだこともあり、コンピュータ&ソフト業界が急速に拡大しました。

　電子頭脳AIや自動車の自動運転技術なども、コンピュータの容量と処理速度の拡大の歴史上にあります。

　特に、2010年代から発達してきたSNS —— Facebook、Twitter、YouTubeなどの投稿サイトがコンピュータ技術の発展に拍車をかけています。容量も処理速度も以前とは比べものにならないくらい大きく速くなっています。

　現在の情報化社会は、日本だけではなく世界の、数億人、数十億人の人たちが情報発信するインターネットが主戦場になってきました。スマートフォンやiPhoneで、指先で触るだけで膨大な量の情報に触れることができます。

　その多くは食の情報です。**インターネット上ではあらゆる国籍、ジャンル、種類、タイプの食の情報があふれています。**

情報化社会ではネットが主戦場に

　私たちは現在のインターネット上で情報があふれ、世界中の数十億人の人たちが情報発信をしている社会を「高感度情報化社会」と呼んでいます。

　情報を受信するにも、単一のジャンルの知識だけでは正しく理解できません。複数のジャンルの知識があって初めて理解できる情報ばかりです。また、そうした情報も刻刻と変化しています。昨日仕入れた情報が、今日にはもう古くなっているなど、日常のことです。

　食の情報は特に鮮度が大切です。

　食の情報は、常につながっています。**フードアナリストの主要な仕事は、食の情報を一般の人にわかりやすく、説明そして解説をすることです。**一般の人に説得力のある説明をするためには、1つのジャンルだけの知識では困難です。

　新しい時代の食のプロは、1つのジャンルだけに固執しているようでは失格です。常に高感度なアンテナを張って、環世界を広げる努力をして、食の情報に対して真摯に向き合う姿勢が大切です。

　「受信力」とは「感性力」のことです。フードアナリストとしての感性を磨くには、いろいろなことに興味を持って、常に知識や経験を獲得し続けることが大切です。

第4章

食の情報を
「収集」する

IT革命以降の情報収集

第3章まではフードアナリストの考え方、概要、そして情報について考えてきました。本章では食の情報を「収集」することを学んでいきます。まずは、マスコミの変遷と効果を取り上げましょう。

インターネット広告費がテレビ広告費を抜く

インターネットが発達するまでは、「テレビ」「新聞」「ラジオ」が3大メディアでした。そしてこの3大メディアに「雑誌」を加えた、4つを「マスコミ4媒体」と呼びます。

電通が発表している「2019年日本の広告費」(2020年3月11日発表)によると、2019年(1〜12月)の日本の総広告費は、新たに「日本の広告費」における「物販系ECプラットフォーム広告費」と「イベント」領域を追加し、通年で6兆9381億円。**日本の広告費の総額は約7兆円と考えることができます。**

この中で、マスコミ4媒体広告は2兆6094億円で、5年連続の減少となりました。「新聞広告費」「雑誌広告費」「ラジオ広告費」「テレビメディア広告費」はすべて前年割れという結果です。

内訳は、新聞広告費4547億円 (前年比95.0%)、雑誌広告費1675億円 (前年比91.0%)、ラジオ広告費1260億円 (前年比98.6%)、地上波テレビ1兆7345億円 (前年比97.2%) です。4媒体ともに広告費は前年度割れです。特に雑誌広告の落ち込みが大きくなっています。

対してインターネット広告費は2兆1048億円となり、初めて2兆円を超えました。前年に対しては119.7%です。

今やテレビメディア広告よりも、インターネット広告費のほうが多い時代になっています。

新聞、雑誌、ラジオ、テレビのマスコミ4媒体の広告料の総額が、インターネット広告費に抜かれてしまうのも時間の問題になってきました。

最近では新聞も雑誌も読まない人も多くなってきています。中にはテレビは見ないでインターネットの動画を見ているという人も増えています。確かに、インターネットを見ているだけで、ある程度の情報は得られる時代となってきました。

マスコミ4媒体といわれる「新聞」「雑誌」「ラジオ」「テレビ」も電子版を出したり、デジタル化をしたり、ホームページやSNSを活用したりして、メディア自体の融合も進んできています。**マスコミ4媒体とインターネットでは情報を受信、収集する場合、それぞれの特徴を理解して利用しないと、情報そのものに踊らされてしまう可能性があります。**

●テレビメディア広告費とインターネット広告費

（億円）　■ テレビメディア広告費　□ インターネット広告費

	2015年	2016年	2017年	2018年	2019年
テレビメディア広告費	19,323	19,657	19,478	19,123	18,612
インターネット広告費	11,594	13,100	15,094	17,589	21,048

●媒体別構成比

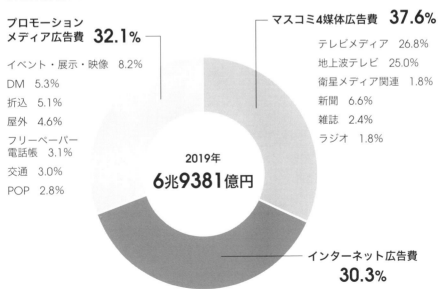

**プロモーション
メディア広告費 32.1%**

イベント・展示・映像　8.2%

DM　5.3%

折込　5.1%

屋外　4.6%

フリーペーパー
電話帳　3.1%

交通　3.0%

POP　2.8%

マスコミ4媒体広告費　37.6%

テレビメディア　26.8%

地上波テレビ　25.0%

衛星メディア関連　1.8%

新聞　6.6%

雑誌　2.4%

ラジオ　1.8%

2019年
6兆9381億円

**インターネット広告費
30.3%**

情報源としての「新聞」の特徴

江戸時代にかわら版として登場し、庶民の情報源として主役の座を保持してきた新聞。最近では、デジタル版の新聞も各社で展開していますが、この項では普通の紙の新聞についてのメリット、デメリットについて解説します。

新聞情報のメリット

①信頼性が高い

新聞情報のメリットとして一番にあげられるのは、各社一流の記者がその新聞社のプライドと信用をかけて執筆している点です。特に5大紙と呼ばれる、朝日新聞、読売新聞、毎日新聞、産経新聞、日本経済新聞は信用力が絶大で、事実の裏付けのない記事はほぼ皆無と考えてよいでしょう。

ただ、**注意する点は新聞によって重要と考えているポイントは違うこと。**また新聞社や記者によって、"事実"を"情報"に変える（つまり事実に評価を加える）ことがあることです。これにより、全然違った視点や論点になることもありますので、それぞれの新聞の特徴を把握しておく必要があります。

一般紙なのか業界紙なのか、全国紙なのか地方紙なのか、特定の営利団体、宗教団体や政治団体に関係しているかなどによって、主義主張が違う場合もあります。

②一覧性がある

次のメリットとしては、圧倒的に「一覧性がある」ということがあげられます。

では、「一覧性」とは何でしょうか。新聞が他の媒体と一番違うのが、その印刷された紙面の大きさです。**大きな紙面のため、見ている面の記事を一覧して見ることができます。**これが新聞の「一覧性」です。さらに大見出し、中見出し、小見出しがあるので、新聞社が考えている記事の重要度もわかります。

こうした一覧性によって、たとえ興味がない記事についても、大見出しが目に入ってきますし、リードを読むことで概略をつかむこともできます。

一方、インターネットのニュースでは、クリックしなければニュースの内容はわかりません。

ネットニュースは総じてクリックしてもらうための見出しです。そのため、見出しを見て面白そうだと思ってクリックしたけれども、思ったような内容ではなかったというのが多いです。それは広告費のために「クリックしてもらうこと」が重要だから。一方、見出しとリード文で大まかに内容をつかむことができる紙の新聞は、情報収集の効率性において圧倒的です。

さらに紙をめくる中で、ニュースとの「出会い」もあります。ネットニュースではクリックしなかったような記事も、紙面では自然と目に入ってきます。**今まで興味のなかったニュースに出会うことができるのは、紙の新聞の大きな魅力です。**興味のなかったニュースと出会うことによって、「環世界」を広げることもできます。

新聞情報のデメリット

紙の新聞の最大のデメリットは、サイズが大きいということです。大きいので手軽に読むことができないとスマートフォンやiPhoneに慣れた私たちは考えます。

新聞はサイズが大きく、広げて読む必要があります。それに比べて、私たちが持っているスマートフォンやiPhoneは非常に手軽に読むことが可能です。バスや電車の中でも快適に見ることができます。スマートフォンやiPhoneのほうが手軽に気軽に使うことができる点が、新聞の最大のデメリットです。

●新聞の主な種類

全国紙	読売新聞、朝日新聞、毎日新聞、産経新聞、日本経済新聞の5紙がある。
ブロック紙	北海道新聞、中日新聞、西日本新聞などがある。特徴は地域でのシェアが高く、その影響力も大きい。
地方紙	県単位で約80紙ある。特徴は地元に密着した記事が多いこと。中小企業やそのエリアにある大手企業には重要なメディアになる。
産業紙	日経産業新聞、日経流通新聞、日経金融新聞、日刊工業新聞、日本工業新聞などがある。特徴は各分野に関する詳細情報が掲載されている点。そのような情報を入手したい人には役に立つ。
業界紙・専門紙	特徴は、業界や専門分野に関する情報を広く扱い、細かいニュースでも掲載されている点。また、その商品やサービスごとに企業活動状況なども掲載されている。
スポーツ紙	スポーツや芸能に特化した情報を掲載。日刊スポーツ、スポーツ報知、スポーツニッポン、サンケイスポーツ、デイリースポーツなどがある。
夕刊紙	タブロイド判が特徴。夕刊フジ、日刊ゲンダイなどがある。

情報源としての「雑誌」の特徴

情報をより深く詳しく知るために一番活用されるのが「雑誌」などの本になった紙媒体です。雑誌には各ジャンルの雑誌、有料・無料会員誌、フリーペーパー（新聞挟み込みやポスティングなどのタブロイド紙、拡販誌、フリーマガジン）などがあります。

雑誌の情報のメリット

①一覧性が高い

雑誌には新聞とは違う目的での**「一覧性」**の高さがあります。雑誌の場合は、「目次を見る」「パラパラとめくってみる」「一部、読んでみる」などができるため、クリックしないと内容が一切見えないネットニュースに比べて一覧性は高いと考えられます。

②記事の信頼性の高さ

特に出版社が刊行している全国誌は一流の記者やライターが執筆をしているため、出版社や編集部のプライドと信用力にかけて事実の裏取りはきちんとしています。**雑誌の場合は、発行後に修正しづらいために、ライター、編集者、発行責任者と多くの人のチェックが入ります。**それが客観性と信頼性につながっています。しかし、中には話題性だけを追って、憶測の記事を掲載している雑誌もありますので、注意が必要です。

③保管性、記録性が高い

紙媒体の書籍や雑誌は買ったら手元に残ります。すぐに読まない場合でも買っておけば、あとで目を通すことができます。また数年、数十年、それ以上保管することが可能です。

一方、ネットメディアではサイトが行方不明になることも多く、サイト閉鎖や削除などあると、二度と読めなくなります。**繰り返し読める、そして記憶に残りやすいのも雑誌の特徴です。**

④質感、ファッション性

持ち歩いたり置いておくだけでお洒落であったり、インテリアとして使える雑誌もあります。紙の触り心地や匂い、色合いが心を落ち着かせたり癒したりする効果も考えられます。

雑誌の情報のデメリット

①記事がリアルタイムではない

　印刷という工程を持たないネットメディアは、リアルタイムのニュースを速報として情報発信することに非常に優れています。雑誌は印刷・製本・流通という工程を踏むため、時間にタイムラグが発生します。雑誌はリアルタイム、即時のニュースについては対応できません。

②スペースに限りがある

　雑誌はスペースが限られているため、掲載できる情報に制限があります。1ページに入れることができる文字数、図表、絵など、限られたスペースの中で編集をしなければいけません。限られたスペースの中にどれだけ有効なデータを入れることができるかが、編集の手腕であったりします。ネットメディアのように拡張性がありません。

③一度出版したら訂正するのに時間がかかる

　雑誌媒体を含めて紙媒体は、印刷しなければ発行できません。そのため一度、印刷をしてしまうと、訂正・修正するのは難しいという一面があります。ネットメディアのように、即座に変更、訂正・修正することはできず、訂正・修正に時間を要するところがデメリットです。

④リツイートなどの拡散がない

　最近の雑誌は発行部数の減少が続いています。発行部数5万部といえば人気雑誌の部類に入り、3万部も販売できればベストセラーです。ネットメディアは人気化すれば、リツイートなどで情報拡散が加速され、数十万、数百万人へのアプローチが可能となります。雑誌媒体はそういった拡散力という意味では古いメディアとしての特徴を持っています。

☕ column　雑誌と書籍の違い

　雑誌は逐次刊行物であり、週刊、月刊、隔月刊、季刊のように定期的に刊行されます。書籍は一般的に単行本のことをいいます。書籍と雑誌では流通が異なります。すべての出版物にバーコードがつきますが、書籍にはJANコードとISBNコードの2段、雑誌にはJANコードのみです。雑誌と書籍の中間的な存在としてムックがあり、流通上は雑誌として扱われます。

情報源としての「ラジオ」の特徴

ラジオとは、電波を利用して報道・教育・教養・娯楽などを音声・音響で人々に伝達する放送のことで、またその受信機も指します。気軽に聴ける便利さから、高感度情報化社会の現在でもラジオは根強い人気があります。

ラジオの情報のメリット

ウォーキングやジョギング中にラジオを聴く人、受験生が深夜ラジオ番組を聴いたり、渋滞のドライブ中にラジオを聴いたりなど、聴覚のみで受信するメディアのため、何かをしながら聴くことが多いラジオというメディア。無料で聴くことができ、お金を払って情報を獲得する新聞や雑誌にはない気軽さがあります。

ラジオのメリットとしては下記の3点があげられます。

①社会的信用性が高い

ラジオは文字を使わないメディアでは一番古く、1900年に発明されました。

ラジオにはキー局とローカル局があります。混信しないように、それぞれの地域ごとにローカル局がネットワークを作り、ラジオ番組を配信しています。キー局は、東京を本拠地とし、ネットワークの中心的な位置にある放送局のことを呼んでいます。キー局は特に、全国のローカル局の大本となる番組を作りますので、各キー局のプライドと信用をかけて、番組を作っています。基本的には噂話のような情報は流しません。

②リアルタイムの情報が取得できる

ラジオは、印刷が必要な紙媒体を必要としないメディアです。紙媒体では印刷してしまったものを修正するのは大変ですが、電波を通して音声を伝える仕組みのラジオは、**リアルタイムに情報を届けることができます。**刻刻と変わる情勢や状況を、リアルタイムにシンプルに音声だけで情報伝達できるのがラジオの最大の特徴です。

③4大メディアの中で一番地域密着型のメディアである

TBSラジオをキーステーションとする全国ネットワークであるJRNグループや、文化放送

およびニッポン放送をキーステーションとする全国ネットワークのNRNグループ、FM局では、TOKYO FMをキーステーションとする全国ネットワークのJFNなどの全国ネットワークもありますが、基本的には地域ごとに細分化された放送局から配信している場合が多く、**地域ごとの地域密着型の情報に強みがあります。**特にコミュニティFMは、地域に役立つ情報を配信しており、地震や台風などの地域ごとの避難情報や避難場所情報などきめ細かな情報を配信して存在感を示しています。

ラジオ情報のデメリット

①音声だけのメディアである

　ラジオは電波を使っての一定の拡散力のあるメディアでありながら、画像はなく、音声だけのメディアです。画像などに頼ることがない分、情報量は限定的です。聴く人の聴覚のみを拘束しますので、聴き手の理解力は他のメディアに比べて劣り、誤解も生じやすいというデメリットもあります。イメージが伝わりにくいのがラジオです。

②聴いている人が少ない

　4大メディアの中で一番、限定的になりやすいのがラジオです。一定のファン以外は、わざわざラジオを聴こうと思って聴いているわけではなく、何かのついでに聴いている人が多いでしょう。高感度情報化社会の現在では一番、利用している人が少ないメディアだと考えられます。

☕ column　電波の特性を生かしたラジオの構成

　日本のラジオ局は大きく分類すると、AMラジオ（中波放送）、短波ラジオ（短波放送）、FMラジオ（超短波放送）の3種類があります。AMは「Amplitude Modulation（振幅変調）」、FMは「Frequency Modulation（周波数変調）」の略で、音声を電波にのせる方式と周波数帯が異なります。

　AMラジオは「広範囲」に電波を届けることができ、バラエティトークやスポーツ番組、ニュースなどを中心とした番組を放送しています。FMラジオは「高音質」の特性を生かして、音楽番組を中心とした番組を構成しています。

情報源としての「テレビ」の特徴

直近数十年の間、4大メディア最強にして最も拡散力が強いと考えられていたのが、テレビ媒体です。地上波はNHKの公共放送と、日本テレビ、テレビ朝日などを中心とした民営放送が中心。最近では、BS放送やCS放送なども多く存在しています。

テレビ情報のメリット

①情報の信用力が高い

特に地上波であるNHK、5大キー局（日本テレビ、テレビ朝日、TBS、フジテレビ、テレビ東京）のテレビ番組は裏付け情報を必ず取ります。潤沢な制作資金があるため、各番組に多くのスタッフを抱え、しっかりとしたチェック体制が整っています。また、噂話や流言程度のことは情報として取り上げませんので、テレビの情報は比較的、信用性が高い情報と考えられます。

②リアルタイムの情報が取得できる

テレビはラジオと同様に電波を使ったメディアですので、**リアルタイムでの情報が取得できます。**地域ごとにテレビ局があり、地域の情報も発信しています。特に地震や台風などの災害時に、避難情報や避難施設情報を発信するなど、地域に密着したリアルタイムの情報を取得できることが強みともいえます。

③時事関連情報に強い

NHKのような公共放送や5大キー局を中心とするテレビネットワークは、首都圏の官邸や官庁、主要団体などに記者クラブを構え、強い取材体制を持っているため、政治や経済などの時事関連情報に強い傾向があります。**時事関連情報を、画像とともにわかりやすく取得できることがテレビ情報の大きなメリット**といえます。

④ローカル情報にも強い

NHKを中心とする公共放送や5大キー局を中心とするテレビネットワークは、日本全国の

各地域にもテレビ局を構え、**地域の情報にも強み**を発揮します。画像もあって消費者にわかりやすい情報を届けています。

テレビ情報のデメリット

①スポンサーに配慮した放送になる

　これはラジオも同様ですが、テレビには公共放送であるNHKを除くと、スポンサーの広告料で番組を制作しています。スポンサーにとって不利な情報については、報道を少なくしたり報道自体をカットしたりすることがあります。スポンサーに配慮して、どうしても視聴率を優先した番組作りを優先するテレビ局も多く存在します。

②速報性に優れている分、誤報の可能性もある

　テレビの制作現場では、ニュースの正確性を担保すべく十分に事実を精査してから放送していますが、突発的な地震などの自然災害や事故などでは、速報を焦るあまり、誤報の可能性がたまにあります。

③専門的な情報には強くない

　テレビは、過去数十年間にわたって日本人の最大の娯楽でした。特に高齢者にとって無料で見ることができる一番手軽なエンターテインメントとしての一面もあります。テレビを見る視聴者は、老若男女あらゆる層です。コアになる視聴者層が幅広いため、内容については専門知識に特化するよりも、一般大衆向けに自然となってしまいます。

　新聞の読者は比較的知識層が多く、雑誌も専門性が高いものも多く、ラジオもコアなリスナーを対象にしているため専門性が高いのに比べ、地上波のテレビが一番大衆性が高く、専門的な情報には強くないメディアといえます。

④情報が一方的で偏りやすい

　4大メディアすべてに当てはまりますが、「情報が一方的で偏りやすい」という傾向があります。特にテレビは視聴率を競うメディアですので、視聴率を上げるため、時事のニュースでも同じニュースばかりを特集して一方的に流す番組が多くなります。インターネットメディアの双方向性はありません。

インターネットメディアの特徴

高感度情報化社会に台頭したメディア

インターネットは、1995年にWindows95が発売されて、一般社会に一気に浸透していきました。各自が自由にインターネットに接続し、いつでもどこでも欲しい情報を引き出せるようになり、遠くの人との交流も以前より安価に行えるようになりました。

インターネット情報のメリット

インターネットは現在、パソコンだけでなく、スマートフォンやiPhoneが発達することでより手軽に利用できることになり、爆発的に普及しました。

インターネットの発達で私たちの生活は一変しました。現在では、広告収入で隆盛を誇ったテレビ広告をインターネット広告が上回るほどになり、4大メディアを抜き去り、ナンバーワンメディアに躍り出ました。この傾向は今後も続くと考えられ、今や私たちの暮らしに一番密着しているメディアといえます。

①リアルタイムの情報を受信できる。

インターネットメディアのもっとも優れている点の1つには、**リアルタイムの情報を受信できる**ことがあげられます。発信者はプロの記者ではなく、一般人のインターネット利用者である場合も多く、どこでも誰でも情報発信ができるため、最もリアルタイムの情報を受信できます。テレビでは現場に駆け付けるのにクルーを組んで移動手段を使って駆けつける必要がありますが、インターネットの場合はその場にたまたまいた人からの発信も可能です。

②情報の検索能力に長けている

知りたい情報を、GoogleやYahoo!などの検索エンジンを使って簡単に調べることができることもインターネットのメリットです。いくつかの単語（ワード）を入力して、知りたい情報を検索するのは、インターネットで情報を得るためのノウハウになりました。**インターネットを使えば知りたい情報を迅速に入手できます。**

③情報発信が双方向である

インターネットがテレビ、ラジオや新聞、雑誌といった4大メディアに対して、優れている

点に「双方向性」があります。 テレビや新聞などの4大メディアでは発信者側と受信者側に
はっきりとした色分けがあります。それらは一方的に情報発信され続けるのに対し、インター
ネットはSNS（ソーシャル・ネットワーキング・サービス＝FacebookやInstagramなど） や

●SNSの種類

交流系 日記型 SNS	Facebook	個人情報をオンライン上に公開するソーシャル・ネットワーキング・サービス
	ミクシィ (mixi)	趣味や日記、フォトなど自由に投稿する形を選ぶことができるSNS
	LinkedIn	ビジネス系ソーシャル・ネットワーキング・サービス。 主にBtoBの関係構築に使われることが多い
交流系 拡散型 SNS	Twitter	140文字以内で情報発信する拡散型SNS。芸能人や著名人の投稿も多い
	Mastodon	500文字の制限の中で文章を作成するミニブログサービスの連合型SNS
メッセージ チャット型	LINE	メッセージを送信してチャット形式で友人やグループなどでやり取りすることができる
	WeChat（微信）	中国で最も人気の高いソーシャル・ネットワーキング・サービス
写真 投稿型	Instagram	Facebook傘下の無料で活用できるスマホ用写真共有アプリ
	Snapchat	スマホ向け写真共有アプリで、Facebook上でスナップチャットユーザーとつながることができる
動画 投稿型	YouTube	Googleが提供する世界最大の動画共有サービス。ユーチューバーは今や人気の職業となっている
	Tik Tok	60秒間の短編動画を作成して共有できる動画投稿型ソーシャル・ネットワーキング・サービス
ライブ 配信型	TwitCasting （ツイキャス）	スマホで撮影した動画などを生中継投稿できるライブ配信サービス
	LINE LIVE	LINEから提供されるライブ動画配信サービスで、一般ユーザー向けのライブ配信の機能もある
	17Live	パソコンからでもライブ配信や視聴ができるストリーミング動画配信サービス
	B612	自撮りの動画を投稿して共有するソーシャル・ネットワーキング・サービス
	mixChannel	秒数制限のある動画専門のコミュニティ
	SHOWROOM	アーティストやタレントがライブ配信により視聴ユーザーとコミュニケーションをとれるSNS
その他の SNS	WEAR	ファッションのコーディネートを検索して、「着こなし」を共有できるサービス
	Studyplus	学習総合サイトとして勉強を習慣づけることを目的としたSNS
	ウィメンズパーク	妊娠や出産、育児などで悩みや相談を共有する女性特有のSNS
	Clubhouse	音声による会話（チャット）を気軽に楽しめる新しいソーシャル・ネットワーキング・サービス。「音声版Twitter」とも称される

ブログにおいて、閲覧者（つまり情報受信者側）が発信者に意見や質問を投げかけること
ができます。

　発信者はその情報に対して、返信をすることができます。つまり、発信者と受信者がネッ
ト上でコミュニケーションが取れるということです。この**「双方向性」がインターネットの
最大の特徴**といえます。

④世界に対して情報発信ができ、情報拡散のスピードも速い

　インターネットは世界中の人が見ることができます。FacebookやInstagramは、世界中
の人が参加しているSNSです。影響力は日本だけにとどまりません。またリツイートやシェ
アをすることで情報拡散が簡単にできるため、**情報拡散のスピードが速い**というのもイン
ターネットの特徴です。

インターネット情報のデメリット

①情報の正確性に疑問があるケースも

　インターネット情報は誰でも気軽にいつでも発信できるという特徴があります。誰でも発
信できるがゆえに、情報の正確性に疑問がある場合もあります。中には、特定の企業や個
人を貶（おとし）めるような情報を、あたかもたくさんの人が賛同しているように書き続けている人や
グループもあります。売らんがための販売目的や、政治団体が選挙などで利用することや、
宗教団体の宣伝などに使われている場合もあります。インターネット情報は、メディアリテ
ラシーが一番必要なメディアと考えられます。

②自分で考えなくなる

　インターネット上には、情報に対する意見や感想まで多くの情報を閲覧することができま
す。そうした意見や感想を読むだけで満足してしまい、自分自身で物事の本質を捉えなくなっ
てしまう傾向があります。

③プライバシーの問題が発生することがある

　誰でも気軽にいつでも発信できる利便性と即時性・速報性があるインターネットですが、
それがそのままデメリットにもなります。新聞、雑誌やテレビ、ラジオは必ず何人か検閲す

る人がおり、プライバシーの問題などはコンプライアンス上のルールに従って守られますが、個人がSNSやブログに簡単に発信できてしまう情報は、検閲したりする部門もなく、そのまま発信されてしまいます。発信者の個人情報や、発信内容にプライバシーや著作権問題が発生してトラブルになることもあります。

☕ column　　**インターネットメディアに投稿する際の注意点**

フードアナリストの中にも「食べログ」「GoogleMap」などに一般ユーザーと同様に投稿する人がいます。公的な活動ではなく匿名のプライベートな投稿であっても、フードアナリストとして活動する限りは守らなければいけない約束があります。それが「フードアナリスト倫理規定」（44ページ参照）と「行動規範」（46ページ参照）です。

もちろんフードアナリストがお金をもらってレビュー記事を書くことや、個人的な評価を投稿することには何も問題はありません。その投稿が明らかに広告とわかる場合も問題ありません。ただし、フードアナリストとして公的な評価（例えば「ジャパン・フード・セレクション」などの審査員や「食べログ」のように自社ルールが決まっている投稿評価サイト）をする場合は、決められたルールを逸脱してはいけません。

規定の報酬をもらって格付け評価をする場合も、必ず公正・中立・公平な立場から評価しなければいけません。報酬をもらって評価すること自体は正当な行為ですが、公正・中立・公平でない場合が問題となります。

インターネットメディアは、ステルスマーケティング（やらせ投稿）が多いメディアです。

下の表は、フードアナリストがレストランを公的な格付け評価（審査）レポートを作成する際に、セルフチェックするリストです。この10のチェック項目すべてが「YES」でなければ、公的なフードアナリスト・レポートは成立と見なされません。

●フードアナリスト・セルフチェック

1	3親等以内の親族は、この店に関与していませんか
2	3カ月以内にこの店を評価していませんか
3	フードアナリスト倫理規定及びフードアナリスト会員規則に反した行動はありませんでしたか
4	不当な金品や過度なサービス品などは受け取っていませんか
5	店内で、他人に迷惑がかかる行為・行動をしませんでしたか
6	雰囲気に相応しい服装で来店しましたか
7	雰囲気に相応しい食事マナーを守れましたか（声の大きさ・座り方など）
8	注文した料理を、完食しようと努力しましたか
9	従業員の方々に対し、感謝と尊敬の気持ちを持って接することができましたか
10	食事をしている時間を、自分なりに楽しもうとしましたか

5大新聞の特徴と傾向

日本で発行されている新聞は、全国紙や地方紙、スポーツ紙、通信社など種類が豊富です。日本新聞協会の会員に登録されている会社数は、2019年（平成31年）4月現在で新聞社は103社、通信は4社、放送は22社と合計で129社にのぼります。

5大新聞の特徴

　日本新聞協会の会員は東京に30社が集中していますが、地方は北海道から九州沖縄地方まで全国に新聞社は広がっていて、それぞれの地域の情報を取り上げています。

　103社ある新聞社の中でも特に5大新聞といわれる新聞があります。読売新聞・朝日新聞・毎日新聞・日本経済新聞・産経新聞の全国紙5紙であり、すべての新聞の中でもっとも権威が高いと考えられています。それぞれテレビ局のキー局と密接な資本関係、もしくは提携関係を持ち、日本経済新聞以外はスポーツ新聞をグループ会社、もしくは本体より発行しています。

①読売新聞

　明治時代である1874年（明治7年）の創刊から脈々と続く伝統のある新聞社です。大正時代には世界初の駅伝となる「東海道駅伝徒歩競走」を開催。1920年（大正9年）から現在まで続く「東京箱根間往復大学駅伝競走（箱根駅伝）」の共催社であることでも有名です。1934年（昭和9年）には読売巨人軍の前身となるプロ野球チームを創立するなど、スポーツ振興にも熱心な新聞社です。

　新聞としては、1977年（昭和52年）に発行部数日本一を達成、1978年（昭和53年）には共産圏を除いた発行部数世界一とギネスブックから認定されました。**2001年(平成13年)には発行1030万部を突破し、過去最高を記録するなど日本で一番ポピュラーな新聞です。**

　内容面の特徴としては、政治や経済、社会問題における取材力の強さにあります。また「社説のわかりやすさ」をはじめ、「誰でも理解しやすいようにする」をモットーにしている新聞です。特に社説は、政治や経済、社会問題などについて自社の信条に基づき、30年後の検証にも対応できる主張を明示しているとされています。コラムも充実していて読みごたえのある新聞として支持されています。

②朝日新聞

　1879年（明治12年）の創刊当時から、政論記事が主流の時代においても報道中心を貫き、

公正無私な編集方針のもとに記事が作られ、それが現代にも継承されています。政治記事では在野から見た政権批判記事も多く、読みごたえのある記事が特徴です。少数意見も尊重する姿勢は日本の知識人にファンが多いです。また知識がない人にもわかりやすい解説記事も好評といえるでしょう。

朝日新聞の名物コラムとして親しまれている「天声人語」は1904年（明治37年）に誕生しました。**1907年（明治40年）に夏目漱石、1909年（明治42年）には石川啄木と名だたる文豪が記者として在籍したことでも有名です。**

スポーツでは、1915年（大正4年）から「第1回全国中等学校優勝野球大会」を開催。1948年（昭和23年）に「全国高等学校野球選手権大会」と改称され、夏の甲子園大会として現在でもプロ野球に多くの人財を供給しています。

③毎日新聞

1872年（明治5年）創刊の東京日日新聞が前身の老舗新聞社です。日刊紙としての歴史が最も古く、1875年（明治8年）には世界で初めて戸別配達を実施しています。1876年（明治9年）に大阪日報が創刊され、1911年（明治44年）になると東京日日新聞との合併により全国紙となりました。

5大新聞の中で特に地方のニュースを大切にしているため、首都圏で暮らす地方出身者には嬉しい新聞です。取材力が高いとされ、記者とのつながりを持つことができればかなり深い内容まで取り上げてもらえるかもしれません。記事の内容は、高い取材力に基づいた「中立的な新聞」といわれています。

1918年（大正7年）にのちの全国高校ラグビー大会となる「第1回全国中等学校フットボール大会」を開催。1924年（大正13年）に開催された「第1回選抜中等学校野球大会」は、春の甲子園の愛称で知られる現代の選抜高等学校野球大会（センバツ）に発展しました。

社説は明治時代から継続されており、論説委員の議論によってテーマが決められている読みごたえのあるものです。

④産経新聞

5大新聞の中では一番新しい1933年（昭和8年）の創刊です。当時は日本工業新聞の名前で創刊され、1942年（昭和17年）に産業経済新聞と名称が変わりました。その後、1955年（昭和30年）に日刊サンケイ・スポーツを創刊し、本体の一般紙は、1958年（昭

和33年）に新聞の名称が産経新聞に統一されました。

　1967年（昭和42年）に、フジテレビジョンやニッポン放送、文化放送と共にフジサンケイグループを結成。1969年（昭和44年）に夕刊フジ、競馬エイトを創刊。娯楽、スポーツ、レジャーに強い新聞として独自の路線を行きます。紙面はとてもまとまってわかりやすいので有名です。曖昧な意見が少なく、はっきりとした見解が示される場合が多く、それゆえに朝日新聞と両極を成す意味で、比較的アンチも多いとされています。

　産経新聞は1面に爽快コラム「産経抄」を掲載。時事問題や世界情勢について独自の視点でまとめています。社説は2面に掲載され、同社のモットーともいえる「モノを言う新聞」としての主張を展開しています。また、「東日本版」「大阪本社版」「九州・山口特別版」と地域ごとに分かれているのが特徴的です。

⑤日経新聞

　日本のパワーペーパー。ビジネスパーソンや経営者が読んでいる新聞です。1876年（明治9年）に中外物価新報として創刊されました。1889年（明治22年）に中外商業新報に改題。1924年（大正13年）に夕刊の発行が始まり、1942年（昭和17年）に日刊工業、経済時事両紙との合併によって日本産業経済に改題。1946年（昭和21年）に社名が日本経済新聞社となったことで、新聞の名前も日本経済新聞へと変更されました。

　日経流通新聞が日経MJへとリニューアル。2010年（平成22年）には日本経済新聞の電子版が創刊されるなど、時代の流れに合わせて複合メディアを展開しています。

　日本経済新聞はおよそ7割の役職者がチェックしているといわれています。国内外の企業実績や景気の動向など、数値をあげながらの経済情報に特徴があります。「私の履歴書」は1956年（昭和31年）に連載スタートした名物コラムで、多くの経営者がこのコラム（半生記）を書くことを目標にしています。

食に関する主な雑誌の概略と特徴

食に関する書物や雑誌は昔から発行されていましたが、ここ最近はレシピだけでなく、飲食店に特化した雑誌も多く見受けられます。ここではフードアナリストとしてチェックしておきたい雑誌を取り上げてみました。

知っておきたい食に関する雑誌7誌

『dancyu』

　1990年12月に創刊したプレジデント社発刊のグルメ系月刊誌です。「男子厨房に入るべからず」に由来して、美食探訪をテーマに『dancyu』＝男厨と名付けられたそうです。創刊時は、ちょうど "グルメブーム" 現象が世に広まり始めたころでした。当時は男性が料理を作ることはまだまだ一般的ではなく、またレストランのシェフにレシピを教わるという、プロに向けたような専門手法は、当時の男性誌としては画期的だったため、大ブームになりました。以降、**「料理」「レストラン紹介」「うんちく」を3本柱**として、食通の定番雑誌へと認識されています。2018年には、WEB版もスタートしました。

『料理王国』

　1994年創刊、株式会社CUISINE KINGDOMが月刊で発行する料理に特化した、いわば「食の専門雑誌」です。読者の半数以上がシェフやパティシエ、料理研究家、フードコーディネーターなどの食を仕事にしている人で、毎号、一流シェフの人気レシピなどを公開。現在料理に携わっている人だけではなく、**料理の道を目指す人たちには必読**です。

　また、名店探訪、行きつけのお店の料理人の知識、レシピを堪能、食文化についての知識、海外の食事情、海外の料理人インタビューなども豊富に掲載されていますので、一般的な読み物としても情報が豊富。 食の未来が見えるウェブマガジンというテーマで、WEB版もスタートしています。

『料理通信』

　株式会社料理通信社が発行している月刊誌で、創刊は2006年。『料理通信』発刊に合わせて、株式会社料理通信社が設立されました。立ち上げは、『料理王国』の雑誌の編集を担当していた君島佐和子氏をはじめ、9人が独立して担当。創刊ゼロ号は、フランス料理の分野から、アランデュカス、ピエールガニエールの料理、イタリアのピエモンテ紀行などの豪華な内容で、食業界を驚かせました。**雑誌のコンセプトは、『Eating with Creativity』**。食べる行為を創造的に、主体的に追求していくキーワードを示しています。『The Cuisine Press』と題したWEB版の料理通信は、2016年に「食で未来をつくる・食の未来を考える、みんなでつくるプラットフォーム」をテーマとしてリニューアルしました。

『オレンジページ』

　たくさんのアイデアレシピを紹介し、**「誰もが簡単に美味しいお料理を作れちゃう!」**をキーワードに、献立の悩みを解消してくれる生活情報誌です。株式会社オレンジページより、月2回の発刊。

　紹介するレシピはすべて、編集部で実際に試作を行っているようで、失敗しないコツまで掲載。そのほか収納や掃除、貯金のコツなど暮らしに役立つ情報も充実し、多くの旬なレシピが読めるのが女性層に人気。読者参加型のWEB版である、オレンジページサロンWEBは全国からのメンバーも参加できることで盛り上がっています。

『レタスクラブ』

　1987年からKADOKAWAが発行している料理雑誌で、2017年で創刊30周年になるのを機会に月刊化。生活実用情報誌として、簡単に作れるプロのレシピ、献立から、生活に役立つ読みもの、コミックエッセイの連載まで幅広く充実。

　"忙しくて毎日ヘトヘトなワーキングマザーの日々のヘトヘトから解放されるお役立ち情報をお届けする"というテーマが受け、2017年にはKADOKAWA内の社内賞も受賞。WEB版

は、国内最大級の主婦メディア「レタスクラブニュース」を打ち出し、人気サイトです。

『おとなの週末』

「食・街・酒・旅」の4つのテーマを掘り下げた、食にこだわりのあるおとなのための月刊グルメ誌です。講談社ビーシー発刊。徹底した覆面調査によって選んだ、コストパフォーマンスが高い"本当に間違いのない店"を紹介することで定評があり、サブキャッチもその内容通りに、**「全店実食したお店の掲載するグルメ雑誌」**というフレーズです。

通販サイト『おとなの週末 お取り寄せ倶楽部』も運営しており、この時代ならではの"自宅で美味しいものを取り寄せて食べることができる"一役を担っています。

『veggy』

キラジェンヌ株式会社が2008年に創刊した**日本初で唯一のベジタリアン向けライフスタイル雑誌**。"楽しむヘルスコンシャスライフ"をテーマにして、毎日のささやかなヒントや気づきにつながる情報をピックアップ。世界中のエコ＆エシカル＆ホリスティックな情報や、心身を癒す食事やケア、さらに各界のヘルスコンシャス・キーパーソンの記事も掲載。隔月刊ですが、健康が重要視される未来には必須の情報誌になる可能性が大いにあります。

●食関連の雑誌　印刷部数公表 (2019年1月〜 2019年3月)

雑誌名	出版社名	印刷証明付き発行部数
オレンジページ	オレンジページ	320,600
レタスクラブ	KADOKAWA	194,633
きょうの料理	NHK出版	270,600
dancyu	プレジデント社	116,867
ESSE	扶桑社	294,500
サンキュ！	ベネッセコーポレーション	314,450

出所：日本雑誌協会

食に関する主なサイトの概略と特徴

現在、情報収集の主戦場であるインターネットには多くの食に関するサイトが存在します。お店情報からレシピまでさまざまですが、中でも大手企業が運営し、多くの人が利用しているサイトを紹介します。

話題の食に関する7つのサイト

『ぐるなび』

　株式会社ぐるなびが運営する食に関する情報のポータルサイトです。飲食店の情報を集めたWEBサイトですが、"日本発、世界へ"を基本方針に、日本の食文化を発信することを理念として、日本ではいち早くWEBサービスを開始しました。

「利用者からの情報を主軸においたグルメサイトとは異なり、飲食店の販売促進支援」を事業の柱として明確に位置づけたコンセプト。**50万件以上の飲食店が掲載されています。**お得なクーポンや外食予約などがスピーディーにできるネット予約率最大級のサイトです。

『食べログ』

　2005年3月にサービスを開始した、カカクコムグループが運営するグルメレビューサイトです。「ランキングとクチコミで探せるグルメサイト」をコンセプトとして、ユーザーのクチコミ、レビューを主軸として、全国のレストラン情報が掲載された手法はオープン当初から話題に。独自のランキングやユーザーのクチ口コミ・写真をもとに、さまざまなジャンルのレストランが掲載されており、現在では国内最大のレビューグルメサイトに成長しました。ネット予約やクーポンの発行に加え、**登録ユーザーによる5段階のクチコミ評価が特徴です。**

『Rettyグルメ』

2011年からサービスを開始した新しいグルメサイト。Retty株式会社の運営で、実名型グルメサービスをキャッチに、**「顔の見える情報、信頼できる情報からお店が選ぶ」**というコンセプトでグルメサイトの上位に台頭。特定の情報に詳しい達人のユーザーを「TOP USER」として認定し、その「TOP USER」の推薦から行きたいお店を見つける手法が斬新です。ネットにあふれた非匿名の膨大な情報より、本当に信頼できる情報だけを集めることに特化したことで、「この人のオススメなら間違いない」という安心感と、利用者同士のつながりが持てるSNS機能の搭載がポイントです。

『HOT PEPPERグルメ』

株式会社リクルートライフスタイルの運営で、店舗ページは専門スタッフが作成。即予約が可能な**"ネット予約対応店舗数ナンバーワン"**を記録しているグルメサイトです。店舗ページでは店の特徴やメニュー、アクセスやクチコミなどが確認できるほか、クーポンの発行もされており、ネット予約をするとポイントも貯められて、ホットペッパーによるお食事券などに交換も可能。そのような割引クーポンが多いことやネットからの予約も簡単なため、ユーザー層は若い女性が多いとされています。

『ヒトサラ』

料理人の紹介を画像付きで積極的に掲載することによって、作っている人の顔が見えるグルメサイト。運営は株式会社USENで、プロカメラマンとプロライターが撮影と記事を担当し、高級感のあるサイトイメージが特徴。食

に関心の高いユーザーからの関心が高く、サイト内では"シェフがお薦めするお店の情報"も検索できるようになっています。**掲載店舗は主に個人経営店が多く、小・中規模（5店舗未満）の飲食店が80%以上を占めます。**他のグルメサイトよりも単価の高い飲食店の掲載が多く、食に関心の高いユーザーの利用率が高いことも特徴です。

『一休.com』

　株式会社一休が運営する、ハイクラスな高級レストランを紹介するグルメサイトです。**お店側が登録するには審査が必要**だが、東京を中心とする首都圏以外、大阪、京都などの関西圏にも登録店舗が多く、出張などでの会食店をネット予約する際の利用率が高いともいわれています。団体予約ができる飲食店が少なめなので、宴会での利用より、普段なかなか行かないような記念日や特別な日のディナー、接待などを探す際には最適です。

『Yelp』

　アメリカのサンフランシスコ発祥で、2014年4月に日本でのサイトがオープン。アメリカを中心に、世界30カ国以上で展開され、利用者は年々増加し、世界中に1億5000万人以上のユーザーがいるといわれる**世界最大級のレビューサイト。**アメリカ版のぐるなびや食べログといったイメージですが、当初はローカルビジネスのクチコミサイトとしてスタートしたことから、レストランなどの飲食店以外、美容院やショップなどのレビューも公開されています。レビューの質が高く、実名と顔写真の公開利用が推奨されているため、信頼性も高いです。このようなことから、今後も台頭していくでしょう。

第5章

食の情報を
「読み解く」

食の情報リテラシーとは？

日本フードアナリスト協会が標榜しているのが「食の情報リテラシー」です。現在、さまざまな情報があふれています。その中で使える情報は何かを選別することが重要です。また情報を発信する際にも、正しい情報リテラシーが求められます。

「情報」には「ニュアンス」が含まれる

メディアとは、主に「情報伝達を媒介する手段」、あるいは「情報伝達の媒介者」という意味合いで使われています。単に「メディア」とだけ呼ぶ場合は、「マスメディア」の意味で用いられている場合がほとんどです。具体的には「テレビ」「新聞」「ラジオ」「雑誌」「ネット」などを指します。

リテラシーとは、「物事を正確に理解し、活用できること」を表す言葉です。リテラシーの語源は英語の「literacy」からきており、本来は「読み書きができる能力や知識」を指す言葉だとされています。しかし、現在ではほとんどが、「知識や情報を有効活用できる能力」という意味合いで用いられる表現です。

メディア・リテラシーとは、情報を伝達する媒体（メディア）の機能・役割・性質を正しく認識し、正しく活用できる能力と考えられています。情報を収集し、選択し、活用する、という点において「情報リテラシー」と共通しますが、メディア・リテラシーはメディアを通じて得られる情報に特に焦点を当てている言葉です。ニュース情報に特に焦点を絞る場合は、「ニュース・リテラシー」という表現が用いられる場合もあります。

つまりメディア・リテラシーとは、マスメディアやネット上の情報を冷静に、合理的、客観的に理解し、活用することです。

私たち一般消費者にとって、テレビやラジオ、雑誌、新聞などの4大メディアが、情報の中心だった時代はメディア・リテラシー、ニュース・リテラシーがあればよかったのですが、インターネットが発達した現在では、私たちが得る情報はメディアからの情報だけではありません。インターネットを中心とした氾濫する「情報」そのもののリテラシーが必要となっ

用語解説 リテラシー

英語の「literacy」の語源は、ラテン語の「literatus」。「教育を受けて文字を理解している人」という意味。「literacy」は名詞で、形容詞は「literate」です。

英語の「literacy」は、「読み書きの能力」「特定の分野の知識」の2つの意味で使われます。

てきています。

　誰かがきまぐれでTwitterでつぶやいた言葉までもが、私たちの元に「情報」として届けられる時代になっています。

　インターネットが発達した高感度情報化社会は、メディア・リテラシーだけではなく「情報リテラシー」が必要な時代です。

「メディア（マスメディア）」は、情報を伝達する媒体（メディア）の機能・役割・性質を正しく認識し、正しく活用すれば、一定のメディア・リテラシーは得られました。

　たとえば朝日新聞や日本経済新聞、日本テレビやNHKが報じているニュースは、一定の信頼性があります。

　しかし「情報」という言葉となると、もう少し範囲が広くなります。

「情報」とは「事実」に評価を加えたものです。事実に対して人間が介在することによって、情報に変わります。情報にはニュアンスが含まれます。

　マスメディアで情報を発信できる人たちは記者など選別された人たちだけでしたが、インターネットでは、ネットにつながっているすべての人が、情報発信が可能です。ネット上では、わざと誤った情報や、悪意に満ちた情報を発信する人もたくさんいます。

フードアナリストに必要な「情報を精査する能力」

　情報リテラシーは、大きく2つに分けられます。

　1つは**情報を収める媒体に注目したメディア・リテラシー**と、2つめは**情報の高速多量の処理が可能なコンピューターに注目したコンピューター・リテラシー**です。

　情報リテラシーについて研究をしているアメリカ図書館協会の報告では、情報が必要とされる時に、情報を"効果的"に、そして"効率的"に探し出し、精査し、そして使うことができる能力を持っている人のことを「情報リテラシー能力を保持している人」と定義しています。つまり、現在の高感度情報化社会において、マスメディアやパソコンなどから抽出した情報をただ使用するだけではなく、情報にアクセス、精査し、社会的、文化的、そして哲学的な状況・影響を知ることができる能力を情報リテラシーと考えられています。

　Australian and New Zealand Information Literacy Framework（2004年・Australian and New Zealand Institute for Information Literacy）によると、情報リテラシーのある人は、次の6つの特徴があるとされています。

①情報に対するニーズを認識し、必要とする情報の性質と範囲を決定できる。

②効果的に、そして能率的に必要な情報を見つけられる。

③批判的に情報や情報探索過程を評価できる。

④収集した情報や自らの研究などから生み出された情報を管理できる。

⑤より重要で新しい情報を適用して、新しい概念や新しい理解を生み出せる。

⑥理解しながら情報を用い、情報を用いるということの周囲にある文化的・倫理的・経済的・社会的な問題を認識できる。

　情報リテラシー能力のある人になるには、SNSやネットメディアを使って情報収集をすることも大切ですが、一定のパソコン操作の習熟も必要となります。パソコンを使って収集した情報を管理する必要があるからです。

　現在、世の中にあふれている情報の90％は「食の情報」です。

　私たちは毎日、朝、昼、夕方と食事をします。そのたびに食の情報を取得しています。中には毎日の食事を写真や動画に撮って、InstagramやTwitterにアップしている人もたくさんいます。

　「食の情報」は美味しい、不味いだけでなく、安全情報、栄養情報、新商品情報、うまいもの情報、鮮度情報、調理情報、味覚情報、旬情報、食材情報など、たくさんの情報が複雑に関係して存在します。

　フードアナリストは、食の情報のプロフェッショナルです。食の情報のプロフェッショナルであるということは、食の情報リテラシーを持っていなければいけません。

　情報を読み解く際は、集めてきた情報を一つひとつ丁寧に誠実に中立・公正に精査して信頼できる情報なのかどうなのかを確認することが肝心です。食の情報の中にはデマも多く存在します。特に飲むだけで病気に効く、痩せる、美しくなるなどの情報に対しては慎重に精査する必要があります。できるだけ科学的根拠の元、信頼できる人の意見を聞きながら情報を読み解いていく必要があります。

食の情報リテラシーを身につける

日本フードアナリスト協会の方針では、「食育ティーチャー」という食育の先生の資格認定もしています。協会では食育のことを「食・情報・育」と呼び、食の情報を通して食育活動しよう、というのが大きな方針の一つとなっています。

食情報のインプットとアウトプット

　日本フードアナリスト協会の「食・情報・育」の中心は、もちろん食の情報リテラシーです。「選食」と呼ぶこともあります。

　この節では、食の情報リテラシーを身につけるためのポイントについて解説してきます。

①食について多面的にアンテナを張る

　フードアナリスト学では、食のあらゆる分野を多面的に学びます。これは食の情報の受信力を高めるためです。情報を受信するアンテナを張り巡らせるために必要です。

　ワインが美味しいのは、ワインだけが理由ではなく、肉や魚、野菜があり、料理があり、居心地のよいテーブルやイスがあり、雰囲気のある部屋があり、カトラリーや皿、ワイングラスがあって、流れている音楽や飾られている絵、景色、それから一緒に食べる人、話題、思い出やその人のその時の心理状態などあり……と、あらゆることが関係しています。食べることは生きること、そのものだからです。

　食についてあらゆる分野を学ぶことで、1つの業界の常識や思惑に左右されない公正・中立な視点が身につきます。多くの分野において知識の引き出しができるため、さまざまなジャンルに対して興味がわき、環世界が広がります。そしてその情報の周辺分野からも検証することが可能となり、客観的、合理的なエビデンスとなります。**食について多面的な知識を持つことで、業界側や販売者側に偏らないフラットな姿勢で情報を扱うことができます。**

②信頼できる情報源から情報を得る

　できるだけ中立・公正な情報源から情報を得ることが大切です。現状では、インターネット上の個人からの情報については、正確性に確認作業が必要と思ったほうがよいでしょう。

　5大新聞などの大手新聞や大手ラジオ、地上波のテレビについては、信頼性が高いと考えてよいですが、それでも災害などの緊急時には、情報が混乱していて誤った情報が報じられる可能性も否めません。**多面的に裏付けを取りながら、情報を収集する必要があります。**ど

のような情報源から情報を得たかは、情報収集するうえで一番大切な要因です。

③毎日、情報収集する時間と内容を決めて収集する

　情報は毎日更新されるものです。つまり、昨日と今日では内容が変わっている場合もあります。ですから、**情報収集をするには時間とタイミング、内容を決めておいたほうがベターです。**

　例えば、毎朝起きて30分は情報収集にあてる、ウォーキングの1時間はニュースを聞く、通勤電車に乗っている1時間は日本経済新聞WEBサイトをチェックするなど、毎日のルーティンを決めておいたほうが情報は蓄積されやすくなります。

　また、毎日定期的にチェックすることで「変化」がわかるようになります。1年前はこういうニュースがあった、2年前はどうだったなど、後に検証するために「食の情報ノート」に毎日まとめるなどの工夫が必要です。

　新しく見えるトピックスも、必ず背景や前後に何らかのつながりがあります。そういったものも含めてインプットすることが、理解を深めることになります。食の情報は人間が生きている情報です。すべてつながっています。

　時間を区切って情報収集をしたほうがよい理由は、やろうと思えばいくらでも時間を費やせてしまうから。そのため、一定時間を区切らないと限りなくなってしまいます。休日など時間のある日に、時間制限を設けずに情報収集の時間にあてているフードアナリストもいます。

　基本は毎日のコツコツとした情報収集が、偏りのない客観的な情報発信につながります。

④「メモ」と「食の情報ノート」

　必要な情報は頭にしっかり叩き込むべきですが、人間の記憶には限りがありますので、現代社会の食の情報量の膨大さの中では無力です。

　食の情報をいくら収集しても有効利用（アウトプット）しなければ意味がありません。

　有用な食の情報を獲得した時は必ずメモを取って、食の情報ノートにまとめておきます。

　まず、メモに書き記し（スマートフォンやiPhoneのメモ機能に記憶させても可）、その後、食の情報ノートに必要に応じてまとめます。

　情報収集日時、情報を収集した場所（人もしくは媒体）もしっかりと残しておきます。数値などもすぐに信用せずに、メモから情報ノートに転記する際に裏付けを取れば、さらにベターです。

☕ **column**　フードアナリストに必要な「虫の眼」「鳥の眼」「魚の眼」

フードアナリストが食の情報を収集する時には、3つの視点が必要です。すなわち「虫の眼」「鳥の眼」「魚の眼」で食の情報を捉えなければなりません。

その1．虫の眼

食の情報を収集するための「虫の眼」とは、ミクロの眼のことです。細かい所、専門的な部分まで見る眼です。専門家（スペシャリスト）の視点ともいい、物事を細部まで突き詰め、深く洞察をする眼です。

ワイン、日本酒、日本料理、フランス料理、コーヒー、紅茶、ウィスキーなど、自分の好きな趣味の領域を深く学び、修行することによって、食の情報の深みや洞察力が増します。専門家の視点が必要です。フードアナリストも、特に専門性のある食分野をいくつか持っていると情報に深みと洞察力が加わります。

その2．鳥の眼

鳥の眼とは、マクロの眼のことをいいます。経営者やマネージャーの眼です。全体を把握する視点です。すなわち鳥が大空から俯瞰して地上を見ている眼のことを、鳥の眼と呼びます。情報を細部に捉えられることなく全体で捉えることで、その情報の全体の位置づけや大きな流れの中での現象を捉えることが可能になります。鳥の眼を持つことによって、専門家（プロフェッショナル）では気がつかない他業界の視点や一般消費者の視点での食の情報を捉えることができます。

その3．魚の眼

情報収集をする際に必要な魚の眼とは、正確には魚の肌感覚のことをいいます。魚の皮膚は温度や流れを体感する能力が高く、そのため、泳いでいる水の温度や水の流れに対して敏感なセンスを有します。

これをフードアナリストに置き換えると、温度や流れは食のトレンドとなります。今、何が流行しているか、どのようなトレンドが発生しているのかを見る眼を「魚の眼」と協会では呼んでいます。大量の情報にあふれ、情報自体も刻刻と変化している高感度情報化社会の現在、伝統や慣習を大切にしながら、トレンドや流行に対しても最新の情報をアップデートしている、魚の眼が必要です。

専門化（スペシャリスト）の微細で専門的な「虫の眼」、経営者として俯瞰的に全体を把握する「鳥の眼」だけでなく、常にマーケットの現場では何が起こっているのかを把握しようとする「魚の眼」＝流行を感じる眼を持っていることが、変化の激しい食業界の情報を捉えるには必要です。

ニュースとなる8つの要素

情報がニュースになるためにはいくつかの要因があります。日本新聞協会の1966年の発表によると、ニュースが成立する要因は8つあるといいます。この項ではその8つの要因について見てみます。

ニュース性の要因は何かを考える

ニュースの要因① 人間性

　ニュースを成立させる要因の1つに「人間性」があります。**人間のドラマがあると、珍しい内容でなくともニュースとして成立します。**

　例えば、2011年に発生した東日本大震災により、一家が離れ離れになって住まないといけない状況になった家族がいたとします。お父さんは仙台に出稼ぎに、お母さんは実家へ。息子さんと娘さんはそれぞれ岩手県内の違う養護施設で生活をしていました。

　震災から2年、この離れ離れになってしまっていた家族4人が、震災前に住んでいた宮城県の町の元々住んでいた場所に戻ってきて、震災前に営んでいたタコ焼き屋さんをもう一度始めるという情報は、「人間性」のニュースとなります。

　「もう一度、あの場所から始めよう」という見出しがつくニュースとなり、特別なカレー味やチリ味のタコ焼きソースでなくても、またアボカドや明太子のマヨネーズで色映えをさせなくても、ニュースとして取り上げてもらえます。

　人間性のニュースは、感動を誘う、好感度を上げるニュースになりやすい傾向があります。

ニュースの要因② 新奇性

　「新奇性」とはニュースの中のニュース。ニュースの王道コンテンツです。

　「イヌが人間を噛んでもニュースにならないが、人間がイヌを噛んだらニュースになる」という言葉はニュースの新奇性を表しています。

　もの珍しいもの、新しいもの、変わったものはニュースになります。

　新しいメニューを作った、新しい商品を開発したなどは新奇性のニュースとなるため、メディアにニュースとして取り上げられやすいと考えることができます。

ニュースの要因③ 国際性

　「国際性」がテーマのニュースとは、国際親善や国際交流についてのニュースです。アメリ

カと日本、フランスと日本など、有名で、かつすでに友好的な関係の国々との国際交流であれば、簡単にはニュースとして取り上げてはもらえませんが、キルギスやコンゴ、ラオスなど**日本国内では認知度が低い国との国際交流、国際親善はニュースになります。**

　例えば、あなたの家業は洋食レストランで、あなたのご子息が通っている学校にスリランカ出身の同級生がいるとします。

　スリランカはインドの東南にある島国であり、インドとは地層に断裂があって植物は独自の発展を遂げています。オランダやイギリスによる統治が長く、1948年にイギリスから独立し、国名セーロンと名乗りました。

　食についてはイギリス食文化が色濃く、セーロン紅茶などは思い浮かびますが、実際のスリランカの日常食を知っている日本人はほとんどいないでしょう。

　スリランカ出身の同級生を家に何度か招き、親交を深め、家族ぐるみでの交流が行われました。そしてスリランカの家庭料理を教えてもらって、あなたのお店でもスリランカ料理を出すようになりました。「スリランカ国際交流フェア」と銘打って、スリランカ料理を3品から5品程度のプレートにして出します。スリランカの特徴的なドリンクやデザートもあれば、さらによいです。「スリランカ国際交流フェア」は3日間〜7日間ほど開催し、初日はマスコミやメディア、それからインスタグラマーなどのインフルエンサーになりそうな人を招待し、ちょっとしたオープニング・パーティーをします。

　その時に、できればスリランカ大使館の駐日大使か、関係者にスピーチしてもらえればさらによいニュースになります。日本とスリランカの食文化を通じた国際親善のニュースになります。

ニュースの要因④　地域性

　ニュースにおける地域性とは、**その地域ならではの話題をニュースに盛り込むことです。**

　例えば、仙台の七夕、大阪の天神祭り、青森のねぶた祭りなど、地域ならではの祭りやイベントを、食の商品開発につなげてニュースにする手法です。

　「浅草三社祭ランチ」という名前にはインパクトがあります。

　2012年5月22日に東京スカイツリーがグランドオープンし、オープンから3年ぐらいはスカイツリーの形をしたお菓子などがたくさん販売されていましたが、現在はほとんど見かけなくなりました。

　ただ単に形を真似るだけでなく、意味を持たせて開発された商品は一時的なブームに終わらないものです。ニュースの地域性を考える時、検討しなければいけないポイントです。

記録性は大きなニュースのファクターです。

「世界で初めて」「日本で一番の」といった情報はニュースとして華があります。

神奈川県の三浦半島にある三崎港は、2016年まで「日本一長い鉄火巻き」を作るイベントを開催していました。三崎港はマグロが有名な港です。港自慢のマグロをアピールすることで地域活性化を目指して、市や三浦商工会議所、市商店街連合会などで作る実行委員会が主催となり、2006年より始まりました。

最後のイベントとなった2016年4月23日では、県内外から1270人が参加し、1時間を費やして、前回の大会記録555メートルを5メートル上回る560メートルの鉄火巻きを見事完成させました。この鉄火巻きにはメバチマグロ86キロ、酢飯230キロが使われました。このニュースは、全国版のテレビや新聞で報道されました。

記録性のニュースは、このような大がかりな仕掛けではなくても可能です。

例えば、カレー屋さんであれば「辛さ100倍カレーを50人前、完食したら10万円」「ただし完食できない場合は材料費として3000円払う」「1時間以内」「要予約」「取材を認める」などのルールを決めて挑戦者を募集します。そして地元の新聞社やテレビ局にニュースレターを送ります。挑戦者が現れた場合には連絡して取材に来てもらいます。最近でしたらYouTubeライブで実況しても面白いかもしれません。

普遍性とは、すべての物事に通じる性質のことであり、またすべての物事に適合する性質のことを指します。食の現場においては、具体的にいえば、普遍的なイベントに絡めたキャンペーンや商品開発をすることで、ニュースにつなげる場合が多いようです。**「クリスマスキャンペーン」や「お正月の初売り」などが、普遍性に絡んだニュースの定番です。**

普遍性のニュースはなかなか手垢にまみれている印象があるため、なかなかニュースにはなりにくいとされています。「お正月の福袋」に驚きの価格の珍品が入っているニュースや、クリスマスに恒例のニューヨークのロックフェラービルに巨大なクリスマスツリーが設置された、などのニュースは普遍性のニュースに当たると考えられます。

すべてのニュースに当てはまるのが「影響性」です。**誰かに影響力のある情報はニュース**

になります。

　そのニュースを見て影響を受ける人がいないと、その情報はニュースにはなりません。「東京地方は、今日の夕方から雨が降りそうです」という情報は、東京に住んでいる人全員に影響力があるニュースです。「消費税が2％引き上げられる」という情報は、日本全国民のみならず、為替や債券、株式が上下しますので、全世界の経済に対して影響力のあるニュースといえます。

　食の情報を読み解く際、情報は思わぬ業界や人たちにも影響力を持っている場合もありますので、慎重に洞察力を持って扱う必要があるのはいうまでもないことです。

ニュースの要因⑧　社会性

　ニュースには影響性と共に、必ず社会性がなければなりません。

　例えば「ウイルスのブロックのチカラはそのままで、既存のマスクより3倍通気性が高いマスクを開発」というニュースには「社会性」があります。

　感染症の予防にマスクをしないといけない時期に、喘息（ぜんそく）や呼吸器系の病気でどうしても既存のマスクができない人はたくさんいます。呼吸器系の病気持ちでない人でも、息をしやすいマスクがあれば助かります。

　そんな夢のようなマスクが開発されたとなれば、ニュースバリューは高くなります。

　私たちが食のニュースを作る時は、社会性がある情報をニュースにします。

「小麦粉アレルギーの人でも食べることができるパン」などは、小麦粉アレルギーにより、パンを食べることができない人にとって光明となります。

「この商品を生産することで、年間2億円の売上となり、30人の雇用を創出します」となれば、社会に対して貢献していることになります。すべての経済活動は社会的に意味がある活動ですので、**何かしら「社会性」を見出して、ニュースにするというのは大切です。**

　以上、8つのニュース性について見てきました。

　食の情報を読み解く時は、常に発信する時にどのようなニュース性があるかを考えながら収集しないと、情報発信をする時、内容がない発信になってしまいます。情報を読み解いて吟味する時から、アウトプットの情報発信を考えながら収集することが大切です。

☕ column　レストランの格付けサイトやガイドブックの注意点

　インターネットが発達する前は、情報は非常に貴重でなかなか手に入らないものでした。職人さんの世界では情報は「譲り受ける」「盗む」ものであり、手に入れるには大変な労苦が伴いました。インターネット時代の現在は、情報過多の時代です。特に食の業界は「売らんがための情報」にあふれています。投稿サイトも、関係者や、関係者から依頼を受けた業者の投稿も数多く存在するということを頭に入れておかなければいけません。

　一時期、グルメレビューサイト「食べログ」においてステルスマーケティングが問題になり、食べログ側も対策しましたが、この問題は常に抜け道と対策のイタチごっこです。

　今やレストランや食品、食材を購入する際は、情報の取捨選択が必要な時代になってきました。どんな情報を元に食べる物を選ぶかが重要です。レストラン選びには、格付けサイトやガイドブック選びが不可欠ですが、それぞれの特徴を頭に入れて利用することが重要です。レストランの格付けサイトやガイドブックは、大きく3つに分けられます。

①プロによるレストランガイド（欧州型）

　4級教本に掲載してある「ミシュランガイド」や「ゴ・エ・ミヨ」などが代表的。数名程度のプロの調査員が、匿名調査と訪問調査（ゴ・エ・ミヨは訪問調査のみ）を繰り返して、プロが認めたレストランを紹介しています。レストラン愛好家が食べ歩いて個人的に出しているガイドブックやサイトもこれに当たります。調査内容については信頼できますが、調査員が少ないので、全国75万件の飲食店に対して圧倒的にデータ数が少なく、「趣味」「嗜好の偏り」「ひとりよがり」との批判もあります。フードアナリストが個人的にレストランを紹介しているサイトや本はこのパターンです。

②誰でも評価・投稿ができるレストランガイド（北米型）

　1979年、ニューヨークのザガット夫妻によって始められたヨーロッパの評価・格付けガイド「ザガットサーベイ」が代表的。プロの調査員による主観的な評価ではなく、実際にレストランを利用する消費者のアンケート結果を元に、民主的、客観的な評価が特徴のレストランガイドです。誰でも基本的に評価・格付けができるという意味では「食べログ」などがこの系譜に当たります。誰でも評価・格付けができる形式のレストランサイトは圧倒的なデータ数があり、現在の消費者の嗜好に寄り添ったものとなっています。ただし匿名大多数が絡んで評価をする仕組みには、必ずステルスマーケティングが潜んでいると考えられるので注意が必要です。評価・格付けについても関係者が投稿していることもあります。またほとんどのサイトが「掲載料」「広告料」の多寡によってサイトの中での露出が違います。広告収入で運営されているということもお忘れなく。

③純粋広告のレストランガイド型

　ほとんどのレストランガイドは純粋広告型です。広告掲載料を多く払ったレストランほど大きく取り上げられ、「おすすめ」欄にも掲載されます。広告ですので、掲載記事についてもプロのライターが書いている場合が多いようです。純粋広告のレストランガイド型のサイトにも、一般利用者から投稿ができるようになっていますが、広告サイトのため、「自分たちにとって都合の悪いコメント」は掲載されない場合がほとんどです。コメントについても、関係者からのコメントがほとんどだと考えてよいでしょう。

第6章

食の情報を
発信する

食の情報を発信する手段と場所

食の情報を「受信」し、「収集」し、「読み解き」、「食のメディアリテラシーを持つ」ところまでを見てきましたが、情報発信することで初めてお金が稼げ、収入が得られます。この章では、食の情報を発信する知識と技術について見ていきましょう。

情報発信の場所による違いを理解する

情報発信には、食の審査員、食関係のライターやレポーター、コラムやエッセイを書く、商品開発をして魅力的な商品を生み出す、ミステリーショッパー、コンサルタントやアドバイザーとして仕事をするなどのフードアナリストとしての知識と技術とノウハウをアウトプットします。**きちんと情報を「受信して」「収集して」、自分なりにその情報を「読み解いた」ならば、間違いなく有意義な「発信」ができます。**いうなれば、「発信」する時には、もうあとは書くだけ、話すだけ、発信するだけの状態になっているのが一番です。

●**フードアナリストの
情報発信の場**

食の審査員
食レポライター
レポーター
コラムやエッセイ
商品開発
ミステリーショッパー
コンサルタントやアドバイザー

高感度なアンテナをたくさん立てることによって、食の情報を多角的かつ多面的に受信をします。そして自らのアンテナに引っかかった情報を、書籍やネットを使って収集し調べます。

情報・資料が集まったら、客観的に合理的に科学的根拠を確認しながら読み解いていきます。

最後に一番大切な仕事である情報発信をします。テレビやラジオ、新聞、雑誌、インターネットのサイトを通じて発信するだけでなく、商品開発やコンサルティング・アドバイザー活動も広い意味でのフードアナリストの「情報発信」です。

情報発信の場所① 「テレビ」

テレビのグルメ番組、地域などの食材や食品、レストランなどを紹介するバラエティ番組に、多くのフードアナリストは出演しています。協会にも5大キー局をはじめ、地方局の番組のディレクターからの問い合わせが多くあります。そういった意味で、

協会は芸能事務所・タレント事務所のようでもあります。

「バナナについて、最近のトレンドに詳しいフードアナリストを紹介してほしい」

「家族で行けるレストラン（ファミリーレストラン・回転ずしなど）のランキング番組を制作するため、フードアナリスト100名にアンケートを取ってほしい」

「コンビニスイーツに詳しいフードアナリスト5名で座談会を企画したい」

「スイカに塩をかけて食べる習慣について詳しい人を紹介してほしい」

　フードアナリストを紹介してほしいという依頼のほとんどは、テレビ番組の出演か録画出演が前提の仕事です。テレビへの出演のギャラは、数千円〜5万円。ノーギャラの場合もたまにありますが、テレビへの出演は現在の日本において、これ以上ないブランディングになります。そのため、協会ではテレビ出演を奨励しています。特に地方では「テレビに出ていた人」は有名人です。誠実に丁寧に対応しましょう。

情報発信の場所②　「ラジオ」

　協会では横浜の「FMサルース」というFM局にて、レギュラーラジオ番組（毎週水曜日19時〜20時半）を7年間持っていたほど、**ラジオ番組とフードアナリストは親和性があります。**ラジオという画像を持たないメディアにおいて、言葉と声だけで美味しさを伝えることは、フードアナリストとしての知識と技術が求められます。しかし、ラジオはフードアナリストとして最も輝くステージの1つです。

　多くのフードアナリストが東京や地方のラジオ局でパーソナリティを務めているのは、ラジオでも一番人気のコンテンツである「食」の美味しさを伝える知識と技術が認められているからだと考えられます。

　テレビ同様、日本全国のラジオ局から協会へ問い合わせがあります。食のトレンドについて、流行している食材や食品についてインタビューを受けてほしい、といったニーズが多いです。

情報発信の場所③　「新聞」

　地方のフードアナリストには地方紙でコラムやエッセイを毎週連載している人、地元のグルメ情報コーナーを執筆・監修している人もいます。連載が1〜2年続いて好評ならば、書

籍化の道もありますので、新聞連載というルートから本の出版へと展開したフードアナリストもいます。

　フードアナリストが新聞にて情報発信する場合は、コラムやエッセイを除き、記者から取材を受けるところからスタートするケースが多いようです。新聞の取材では取材日までに数日の猶予がある場合が多く（テレビの取材は翌日放送、当日取材など時間に余裕がないケースが多いです）、テーマについてしっかり調べたり、予習をしたりする時間があります。そのため、専門書や原資料を読み込むなど準備をしっかりしておきましょう。

　新聞も特に5大新聞（朝日、読売、毎日、産経、日経）に掲載されることはとても名誉なこと。信用力もアップします。

　食の話題で新聞に取材記事が掲載されることを目標に、普段から精進しましょう。

情報発信の場所④ 「雑誌」

多くのフードアナリストが雑誌の食レポ記事を書いています。グルメ系雑誌はこの不景気でも好調であり、ライターとして雑誌に食レポやレストラン紹介を寄稿しているフードアナリストは多くいます。

　雑誌の場合、編集者との個人的なコネクションがテレビや新聞などと比べて強い傾向があります。雑誌のライターは、ノンネーム（署名ではない記事）である場合が多く、関係性が深まると執筆だけでなく、雑誌の編集制作の下請けスタッフになることもあります。つまり、執筆原稿が好評なら、継続的に仕事がくる場合が多く、さらには雑誌の企画から関わるようになることもあるため、雑誌のライターの仕事に挑戦してみる価値は高いといえます。

　ただし、雑誌のライターの仕事は一般に募集していることはあまりなく、特に食に関する雑誌ではそれが顕著です。伝手やコネをたどって紹介してもらうのが近道なのです。

　現在、食の雑誌の仕事をしているフードアナリストの1人に、「どのようにしてその仕事（フードライター）ができるようになったのですか？」と尋ねたところ、書店で食に関係がありそうな雑誌を20冊ほど買ってきて、その出版社に片っ端から電話を入れたと答えました。

「フードアナリスト2級の資格を持っています。フードライターの仕事をしたいのですが」

「まずは、どんなにギャラが安くても大丈夫です。私をフードライターとして使ってください」

　そのフードアナリストは、コネも何もないところからスタートして、今ではフードライターだけで生活ができるくらいまで活躍しています。

　まさに、「やる気に勝る能力なし」です。

情報発信の場所⑤　「インターネット上のWEBサイト」

　消費者が投稿して感想を書いたり評価したりするWEBサイトのほとんどは、いくら書いてもお金は発生しません。

　日本フードアナリスト協会は2016年まで大手グルメサイト「食べログ」と提携していました。提携したのは2008年ごろで、協会が設立した同じ年の2005年に「食べログ」のサービスも開始しています。

　提携といっても業務提携や資本提携といった大それたものではなく、フードアナリストが「食べログ」に飲食店のレビューを投稿して、一般投稿者と同じように掲載するというだけの提携でした。ただ、フードアナリストの投稿には一般の投稿者と区別するために、「フードアナリストのロゴマーク」が表示されるところだけが違います。

　「この投稿はきちんと情報発信の勉強をしたフードアナリストが書いたものです」というこのシステムは、現在では可動していません。提携が終了と同時に、フードアナリスト協会ロゴの表示も終了しました。もちろんフードアナリストがいくら投稿しても、一切フィーは発生していません。

　ほとんどのインターネット上のWEB投稿サイトでは、フィーが発生しません。フードアナリストの中には某有名グルメサイト（食べログではありません）に、なんと3000投稿をしたという強者もいます。

　グルメWEBサイトには記事を書くことでフィーが発生する仕事もあります。ほとんどは、ホームページ作成会社か、中小のグルメサイトを運営している会社です。

　記事のボリュームにもよりますが、1本あたり数千円〜 3万円ぐらいになる場合が多いようです。

　インターネット上のWEBサイトで、フードライターの仕事を得るには、やはり知り合いからの紹介によるのが近道です。ただ、求人サイトにフードライターを募集していることもありますので、常にアンテナを立てて情報収集を怠らないことが大切です。

食の情報を発信するための知識と技術

フードアナリストの仕事として、テレビやラジオ出演の際のコメント力、新聞や雑誌への寄稿、WEBへの投稿などのレポート力が求められます。このコメント力とレポート力は、ともに文章力とも言い換えることができます。

絶対に使ってはいけない言葉

フードアナリストは、消費者と生産者との懸け橋となるべき存在です。生産者や作り手側の事情や知識を持ちながら、消費者の一番知りたい情報を発信します。フードアナリスト独自の価値観を提示することもあります。**そのためには常に真の食情報の発信を志向し、常に知識、経験、マナーの向上に努めなければなりません。**

特に情報発信のプロですから、言葉には気をつける必要があります。

他者が大切にしているモノを踏みにじるような言動は慎まなければなりません。

民族、性別、信条、性癖、社会的立場による差別や偏見などの人権侵害をなくすように努力しなければいけません。

特に差別用語と不快用語については、最重要視しています。

日本フードアナリスト協会では、独自に有名グルメ雑誌編集長の方々を招聘して、「フードライター養成大学」（4カ月修了）といった、フードライティングの知識と技術を学ぶ研修制度を設けていますが、カリキュラムの最初に学ぶのが差別用語と不快用語です。

教科書としては共同通信社の「記者ハンドブック」を使っています。記者ハンドブックは他の新聞社も出していますが、この本がもっとも「差別語・不快用語」について詳細で厳格に書かれていて素晴らしいからです。

「性別、職業、身分、地位、境遇、信条、人種、民族、地域、心身の状態、病気、身体的な特徴などについて差別の観念を表す言葉、言い回しは当事者にとって重大な侮辱、精神的な苦痛、あるいは差別、いじめにつながるので使用しない」

「例えば『障害を持つ（人・子ども）』という表現も、障害のある人が自分から障害を持ったわけではないので『障害の（が）ある（人・子ども）』と表現する配慮が必要だ」

「ことわざ、成句などの引用についても、その文言の歴史的な

●主な差別用語、不快用語例

気違い	精神障害者
精神病院	精神科（病院）、神経科（病院）
アル中	アルコール依存症

(注) 2度目からは「依存症」でよい。慢性のアルコール中毒はWHOの提唱で「アルコール依存症」となった。イッキ飲みなどで一過性の意識障害を起こす症状は「急性アルコール中毒」。その場合でも「急性アル中」とはしない。

潜水夫	潜水作業員
女中	お手伝いさん
バーテン	バーテンダー
町医者	開業医
企業戦士	なるべく使わない
釣り書き(吊書)	使用不適切。「生い立ちの記」「自己紹介書」などに。
土人、原住民	先住民（族）、現地人
後進国、未開国、低開発国	発展途上国
外人墓地	外国人墓地
帰化	なるべく「国籍取得」にする。
帰化人	渡来人

(注)「帰化」は調停の支配下に入ることを意味するので、中国、朝鮮から古来日本に渡ってきた人を教科書も「渡来人」にしている。

支那そば	中華そば
支那竹	メンマ
裏日本・表日本	日本海側・太平洋側
女流	「女流名人」などの固有名詞以外は使わない。
女史	●●●●さん
婦警、婦人警官	女性警官
入籍	男女とも初婚の場合は、新しい戸籍を作るので「入籍」とはしない。養子縁組などは別。

(注)「女傑、女丈夫、男勝り、女だてらに、女の戦い、職場の花」「処女航海、処女作品、処女小説、処女峰」「才媛、才女、才色兼備」など女性を殊更に強調したり、特別扱いしたりする表現は使わない。
男性優位社会の「夫唱婦随」「女は愛嬌（あいきょう）、男は度胸」「いかず後家、売れ残り、男いらず、オールドミス、出戻り」や男性に対する「女々しい、女の腐ったような、男のくせに」など差別・偏見を生む表現は使わない。
「美人選手、美人アナ」など興味本位の表現や、「ブス」「デブ」など容姿に関する表現も避ける。

(注)「記者ハンドブック」共同通信社刊より抜粋)

背景を考え、結果として差別助長にならないような心遣いが必要である」

「言い換えの例示をしているが、単純に言葉を言い換えればいいということではない。原則は『使われた側の立場になって考える』ことが肝要である」

（以上「記者ハンドブック」共同通信社より引用）

　どのような素晴らしい記事を書いても、講演をしても、差別用語、不快用語を一度でも使ってしまったらすべてが台無しになってしまいます。

　基本的人権を守り、あらゆる差別をなくすために努力することは、生命である食に携わる職業であるフードアナリストの重要な責務である、と考えます。

　特に言葉を扱う、情報発信を専門とするフードアナリストにとっては一番気をつけなければいけないのが差別用語、不快用語です。

　共同通信社の記者ハンドブックに掲載されている差別用語、不快用語の中で、私たちが気付かずに使っている言葉をいくつかあげてみたいと思います（111ページ図表参照）。

　フードアナリストの仕事のミステリーショッパーにおけるレポートにも、これらの差別用語・不快用語の使用を禁じています。

食を表現する文章力

　食べた瞬間に反応して咄嗟に発する感覚的な言葉も1つの表現ですが、それだけでは表現するには限界があります。コメント力、レポート力を上げるためには、文章力そのものを向上させる必要があります。

　動画で表現する場合もどのようにレポートするか、どのようにコメントするかは重要です。動画の場合は撮り方や見せ方は大切ですが、カメラや周辺機器の進歩によって、昔はできなかった多くのことが簡単にできるようになってきました。

　このように、食を表現するにはやはり文章力が一番大切です。

　食べた料理や食品の「味」についてコメントする時も、フードアナリストには、適切で正確な表現が求められます。

　フードアナリストに求められる文章力は、客観的で合理的、そして説得力がある文章です。文学的な文章や詩的な文章は、必ずしも求められていません。

　フードアナリストがライティングをする時は、食文化を含めて幅広い知識が必要です。幅

広くて深い知識に裏付けされた文章だからこそ、説得力があるわけです。「美味しいです」だけの表現では、やはりフードアナリストの発する表現としては恥ずかしいです。

**　協会では、レストランやレストランの料理を表現する時、「美味しい」「秘伝のタレ」「隠れ家」の3つのワードを使うことを禁止しています。**

「美味しい」というワードを使ってしまったら、どのように美味しいのか、どうして美味しいと思ったのが伝わりません。「美味しい」という表現だけで、それで終わりです。そこには、何の広がりもありません。

　フードアナリストの食レポートに求められているのは「美味しい」の理由と説明です。

誰が読んでも同じようなイメージを持つ文章を

「秘伝のタレ」も同じです。その秘伝のタレはどのようにして作られたのか。

　例えば「先々代の当主が初めてタレを作ってから70年、少なくなってきたら継ぎ足しを繰り返して作られたタレである」といった説明は最低限必要です。「醤油と味醂（みりん）がベースで、その他20のスパイスを調合しているという噂があり、何がどれぐらい入っているか、配合については秘伝中の秘伝」というふうに、何が秘伝なのかについて説明がほしいところです。

「隠れ家」はどんな場所にそのお店があるかについてレポートする時、便利なワードです。「隠れ家レストラン」という表現だけでは、「人目につきにくい場所」「表立った場所ではないところ」のイメージしか伝わりません。「隠れ家」にもいろいろなパターンがありますし、また使い古されたワードです。

　原稿の文字数が極端に少ししかないという制約がある場合は、ある程度は仕方ありませんが、やはりそのレストランの場所が、あなたにとってどのように「隠れ家的な」レストランと思ったのか、その理由を書かなければわかりません。

「飲食店の多い繁華街の●●駅西口側とは真逆の東口に降り、閑静な住宅街を歩くこと10分。周囲はすべて住宅の中、一軒だけ光るレストランのオレンジ色の看板」のように、具体的に書かないとなかなか伝わりません。

**　より具体的に、より客観的に。**

**　誰が読んでも同じようなイメージを持っていただけるような文章が伝わる文章です。**

　フードアナリスト禁句3ワードは、文章を書くうえでの練習だと思って、使わないで文章を作ってみてください。

▶ レストラン情報発信の考え方

飲食店情報、食材情報、新商品情報など、情報にもいろいろあるが、それぞれに食情報発信する際に欠かせない情報は何でしょうか。本項ではレストラン情報を発信する際の注意点をまとめてみました。

レストランを評価・格付けをするチェック項目

食情報発信の基本は、「そのレストランや食材をあなたはどのように思うか」ということです。つまり、どのように「評価」したかということが基本になります。情報発信をするということは、事実（ファクト）に興味を持って、いろいろ調べてみて、実際に自分で経験してみて（訪問して食べてみて）どのように感じたかを自分なりにまとめてみる（読み解いてみる）ことです。

最終的に、「行ってよかったと思った」「悪かったと思った」という結論・判断（発信）は総合判断です。

フードアナリストは、レストランや食品・食材評価のプロですから、単に「美味しかった」「不味かった」だけでは許されません。料理の味覚だけでなく、多角的に総合的に評価する仕組みになっています。

日本フードアナリスト協会では、レストランを評価・格付けをする場合、4級では30チェック項目、3級では50チェック項目、2級は70ものチェック項目を設けています。基本的には4級はカジュアル店まで、3級は高価格帯店まで、高級店以上は2級以上が評価・格付けをします。

●級ごとのチェック項目数表

級号	チェック項目数	満点
4級	30チェック項目	100
3級	50チェック項目	100
2級	70チェック項目	100
1級	100チェック項目	100

チェック項目は大きく分けて5つの評価枠に分かれています。
①料理全般
②サービス
③雰囲気
④安全・安心
⑤総合評価
の5つです。この5つの評価テーマをさらに項目詳細に分け、最終的には質問内容に落と

し込んだ形になっています。

質問内容は

「料理は食欲をそそる香りは感じられたか」
（料理の内容）

「笑顔での接客ができているか」（サービス）

「全店禁煙もしくは禁煙・喫煙問題はきちんとされているか」（食空間の雰囲気）

「化粧室に清潔感は感じられたか」（安心・安全）

「またこの店に来たいと思うか」（総合項目）

という形になります。当然ですが、高級店とラーメン店では質問内容は変わります。

チェック項目は「客観的にレストランを見

●レストラン格付け・評価の際の評価枠と項目詳細

評価枠	項目詳細
料理全般	料理の見映えと工夫
	食の安全・安心感
	食材への吟味・こだわり
サービス	挨拶や言葉遣い
	気配りとおもてなしの心
	従業員のクオリティ
雰囲気	店格のあった調度品や服装
	居心地のよい空間
安全・安心	清潔で安心できる空間
総合評価	来てよかったと思うか

るポイント」ですので、レストランについて記事を書く時はこのチェック項目を参考に書けば、一定のプロっぽい視点の文章ができあがるので重宝していると好評です。

級号が上がるほど、チェック項目は増え、1級になると100ものチェック項目をチェックします。チェックポイントは、必要に応じて入れ替えも行っています。

お店によって評価ポイントの割合を変える

評価枠については、すべてのレストランが同じように評価はしません。レストラン・飲食店のグレードによって評価の割合を傾斜することになっています。

これは1人2万円以上する超高級店と、1杯700円のラーメン屋さんでは評価の仕方が違う、と考えられることから評価の傾斜配分をしています。

ただ、たくさんの消費者・利用者の中には「ラーメン屋さんはサービスが一番大事」、「カジュアルレストランは雰囲気を一番重視する」など、独特の評価基準を持っている人もいます。1000人いたら評価の仕方は1000通りあるといわれます。ですから、そういった個人の趣味・嗜好性の部分の部分は「またこの店に来てみたいか」「この店に来てよかったと思うか」などの「総合評価」で調整をするようになっています。「総合評価」の割合はすべてのグレード共通で20％になっています。

評価のポイントの割合① 超高級店の場合

　超高級店は1回の訪問で、ドリンク1杯込み2万円を超える超高額なお店です。料理は食材を厳選し、工夫を凝らして一流の技法で料理しますので美味しいのは当たり前です。そのため、料理全般は15%。安心・安全についても超高級店に来る顧客層は安心・安全に敏感ですので十分で当たり前と考え、5%にしてあります。超高級店は贅沢で高級な「雰囲気」（20%）、それから一番評価割合が大きいのは「サービス」。超高級店の常連さんは、料理はもちろんですが、サービス・ホスピタリティに魅せられて訪れる人が多いようです。

評価のポイントの割合② 高級店の場合

　高級店は1回の訪問で、ドリンク1杯込み1万円以上2万円未満のお店。十分に高級感あふれるお店です。普通なら晴れの日に利用するレストラン。こちらも超高級店に準じて、料理は美味しくて当たり前（20%）。安心・安全については十分に配慮していてほしい（10%）。高級店も、「また行きたい」と思うには、心の込もった接客という意見が一番多かったので、サービス・ホスピタリティの部分の評価割合が一番大きくなっており、35%です。雰囲気も超高級店に次いで15%。利用者は非日常の雰囲気を味わいに行くレストランだからです。

評価のポイントの割合③ 高価格帯店の場合

　高価格帯店は、ドリンク1杯込みで5000円以上1万円未満のレストランを指します。物価の安い地方では高級店の範疇に入ります。高価格帯店の評価が全体のレストランのベンチマーク。料理全般30%、サービス25%、雰囲気15%、安全・安心10%、総合評価20%で、一番各評価枠での傾斜が少ないバランスのよい評価基準となっています。

評価のポイントの割合④ カジュアル店の場合

　カジュアル店は1回の訪問で、ドリンク1杯込み2000円以上5000円未満の価格帯のレストランを指しています。物価の安い地方では十分に高級店の範疇に入ります。協会の規定では、カジュアル店までがアルコール類などのドリンクを注文する店と考えます。カジュアル店は、牡蠣料理専門店、焼肉専門店、韓国料理専門店のような専門店が多く、料理自体を楽しみに訪問する利用者が多いことも特徴です。料理全般の評価割合は40%と高めになっています。

評価のポイントの割合⑤　ファミリーレストランの場合

　俗にいうファミリーレストランの業態で、ガスト、びっくりドンキー、デニーズ、サイゼリア、ココスなどが当たります。平均客単価は1000円以上2000円未満の価格帯です。郊外にあることが多く、子ども連れの家族で訪問する場合が多いレストランです。価格帯も1000円以上2000円未満と安いので、利用者が一番気にするのが料理の美味しさ。びっくりドンキーにはハンバーグ、サイゼリヤにはピザやパスタ、ロイヤルホストにはステーキと、美味しい料理を求めてファミリーレストランに訪問します。また、家族で訪問するため、安心・安全の評価割合を一番高い15%に設定してあります。

評価のポイントの割合⑥　ファストフードの場合

　ファストフード店は、1000円未満が中心の価格帯の一番値段の安い飲食店です。ラーメン屋さん、ハンバーガーショップ、カレー専門店、オムライス専門店などファストフード業態に当たります。ファストフード店は、単一の料理、食品を提供するお店がほとんどであるという特徴があります。協会の評価も、料理・商品に対する割合が一番大きく65%を占めています。「このラーメンを食べられたら少々スタッフの接客が粗くても、並んで待って食べたい」というニーズが高く、雰囲気や安心・安全も二の次の評価ポイントとなります。

●グレードによる評価ポイントの割合

グレード	金額イメージ	料理全般	サービス	雰囲気	安全・安心	総合	合計
超高級店	2万円〜	15	40	20	5	20	100
高級店	1万円〜	20	35	15	10	20	100
高価格帯店	5000円〜	30	25	15	10	20	100
カジュアル	5000円未満	40	20	10	10	20	100
ファミリーレストラン	2000円未満	50	10	5	15	20	100
ファストフード	1000円未満	65	5	5	5	20	100

☕ column　飲食店取材記事を書く際の「伝える」ノウハウ

①「伝える」「伝わる」文章を意識する

　誠実で丁寧な表現を心掛け、ひとりよがりな表現、突飛な表現は避けましょう。読む人はレストラン情報が知りたいと思っています。前衛芸術作品やエッセイを読みたいわけではありません。

②稚拙・幼稚な表現は使わない

　堅苦しい言葉ばかり使う必要はありませんが、口語体や稚拙な表現の使用は避けてください。例えば、「ばっちり」「ちゃんと」「〜なのかな?」「がっかり」「超〜」「〜いるんだと思った」「結構ずっと待った」「〜とか」「〜だったし」などです。

③根拠・理由を明確にする

　具体的な数字や、科学的な根拠、出典を正確に示した記事のほうが、信頼感が増します。フードアナリストの記事は、想像や期待、願望ではなく、根拠・理由を明確に。

- ●感じがよかった→どの従業員の、どのようなサービスに感じのよさを思ったのか。
- ●美味しかった→どうしてそう感じたのか、熱々だったからか、塩加減・焼き加減がちょうどよかったのか、食材のバランス・味のバランスがちょうどよいと感じたのかなど。
- ●遅かった、結構待たされたように感じた→具体的な時間と商品名を記す。待ったと感じる時間は人それぞれ、タイミングによって異なるもの。

④曖昧な表現は避ける

- ●普通→人によって感じ方・受け取り方が異なる表現。例えば【普通の大きさだった】といわれても、それがどれくらいのものなのか、読み手には伝わらない。具体的な数字で表現を。
- ●問題なかった・可もなく不可もなく→満足したのか不満を感じたのかが不明。満足に至らなかった理由は?　不満を感じるほどではなかった理由は?　という視点から考えてみる。
- ●待ったと感じるほどではなかった、待たされた感じはなかった→こちらも曖昧で、マイナスの印象を抱いたのか、プラスの印象を抱いたのか不明。○分で提供され、速やか(遅かった)だったという表現に。

⑤取材対象のお店のグレード（値段）を意識して書く

　平均客単価700円のラーメン屋さんにホスピタリティや雰囲気を求めても無理。取材対象のお店のグレードを意識して書くこと。できれば事前に同じようなグレードの同業他店を調査してみるのはとても勉強になる。

⑥上から目線にならないように気をつける

「まあまあだと思った」「合格点を与えられる」「私的にはギリギリセーフ」などの「上から目線」の記事は読む人を不快にする。慣れてくると、ついつい上から目線になってしまうので気をつける。

⑦粗探しのような記事は書かない

　基本的に、依頼されて取材記事を書く場合は、好意的な視点で書くこと。重箱の隅をつつくような指摘は、依頼主はもちろん、読者も望んでいない。

▶ 食の情報発信のための勉強法

食の情報発信で重要なのは、相手にいかに伝える力＝文章力にかかっています。コメント力、レポート力の源泉となる文章力はどうすれば獲得できるか、文章力を向上させるための勉強法について見ていきます。

ブログ、SNS、Instagram、Twitterを毎日投稿する

文章力＝読んだ量＋書いた量

　これは文章力向上について書かれたノウハウ本に必ず書かれている数式です。

　文章力をつけるのは、とにかくたくさん本を読んで、たくさん文章を書くこと。やはり、これが基本となります。文章力をつけたいと考えている人は、今からでも遅くありません。本を読んでください。書籍でなくても大丈夫です。新聞、雑誌、WEB、何でも構いません。とにかく文章を読んでください。読めるものは全部読む。

　文章力をつけるためにはとにかく読書が大切です。

　そして書く。日記をつけても、ビジネス文書でも構いません。とにかく書く。

　文章を書く練習として一番適切なのは、ブログ、SNS、Instagram、Twitterなどの投稿サイトに書いて毎日投稿することもおすすめです。

　「ブログ、SNSやInstagramで発信すると個人情報がわかってしまう」「自分の生活を晒すようで恥ずかしい」という人は、ブログやFacebookなどほとんどのSNSには「プライバシー設定」があり、「公開」「自分のみ」などが選べるようになっています。例えばFacebookに投稿する場合、極端な話、「自分のみ」に設定しておけば自分以外、あなたが書いた投稿を見ることはできません。自分自身だけの日記や覚書のような形でFacebookなどのSNS

●Facebookのプライバシー設定

以下の7パターンの中から選ぶことができる。

「公開」	Facebook利用者以外を含むすべての人
「友達」	Facebookの友達
※「友達」とは「友達申請」→「承諾」で「友達」になった人のことを指す。	
「一部を除く友達」	一部の友達に表示しない
「一部の友達」	一部の友達の未表示
「自分のみ」	自分のみ
「知り合い」	カスタムリストに載っている知り合い（自分で決定）
「親しい友達」	カスタムリストに載っている親しい友達（自分で決定）

を使っている人もいます。

　毎日書いて投稿することは、文章を書くことの習慣化につながります。そうすることで、文章を書くことに慣れ、自然に文章が書けるようになります。何はともあれ、**毎日書くことが肝心です**。

歌詞や小説の一節を書き写す

　文章力を向上させるためには、メモ帳と筆記用具は必ず持ち歩くのは必須です。レストランで食事をした際やデパート地下の食品売り場で買い物をする時、自分なりに気がついたことをメモ帳に書き留めておきます。さらには日常の生活の中で、もちろん食の知識で自分にとって有意義だと思われる文章はメモ帳に転記します。

　その時、自分はどのように思ったかも追記しておくと、あとで読み返した時に、その時の記憶が蘇ってきて学び深くなります。

　食の知識以外にメモを取ってほしいのが、食の表現です。

☕ column　**IT機器は怖がらずに使ってみることが肝心**

　年配者の中には、スマートフォンをやっていない、わからないという人もいますが、これに対しては「とにかく買って、やってみてください」と答えるようにしています。

　若い人はスマホができて、年配者ができないのは単なる幻想です。

　若い人も最初は操作などわかるわけありません。当たり前です。若い人は、とにかく新しいもの（スマホ）に触って、何度も何度も使っています。そうしている間に使えるようになっているだけです。年を取った人は、知識も経験もあります。とにかく買って触って使ってみてください。小学生や中学生でもスマホを使いこなせているのです。怖くはありません。

　IT機器はアプリも同様ですが、とにかく最新のものに触れて使ってみるという姿勢が大切です。そもそも機器もアプリもより便利に使いやすいのでここまで普及したのですから、どんどん使ってみてください。年配者の人は知識や経験があるだけに、「怖い」「お金を騙し取られる」といった意識が先走るのでしょう。私の母はもう87歳ですが、最初はスマホは怖がっていましたが、今ではLINEやYouTubeも普通に使いこなしています。

　年配者でも普通に使えるから、最新機器、最新アプリなのです。若い人（20代、30代）はさすがにスマホは使っていると思いますが、SNSやブログを自分で書くというところまで踏み込んでみてください。必ず新しい世界が広がります。

　新しいモノを使わないで、「食わず嫌い」が一番ダメなパターンです。

「この食材や料理、飲み物をこんなふうに表現するんだ！」と感じたらメモします。いつか自分が書く文章でも使ってみるというのもよいでしょう。

　私も作家の椎名誠さんが書いたエッセイを読んでいたら、

「ビールは、んぐんぐと飲むのだ」

の「んぐんぐ」という表現があって、やはり作家の表現は天才的だなぁと感動して、メモした覚えがあります。

　有名な小説家やエッセイストの文章だけではありません。新聞や雑誌にも、面白い、奇抜なと感心させられる食の表現はたくさんあります。**擬音語、擬態語、オノマトペ言葉は、特に食を表現するには不可欠です。**

　そういった言葉のかけらを自分なりに拾い集める努力はすべきです。そのためにメモ帳と筆記用具は必須です。語句や文章を書き留める、書き写すという行為は、文章力を向上させるためには昔も今も有効な勉強法です。

　私の知り合いの大手出版社の大人気雑誌の元編集長は、数々の雑誌を立ち上げから関わって大ヒットさせた立志伝中の人です。その彼女は新入社員のころ、毎日、松任谷由実さんの歌詞をノートに何度も書き写して文章表現の練習をしたそうです。「長い文章も書き写して練習しましたか」という質問には、「林真理子さんと向田邦子さんの小説を何度も書き写して練習した」と言っていました。

　大手広告代理店でコピーライターをしている知り合いも、松任谷由実さんとサザンオールスターズの歌詞を何度も書き写して文章の練習したと言っていますので、文章力、表現力アップには有効そうな練習方法です。

　今、例にあげた2人はすでに50代の方々ですが、あいみょんさんや米津玄師さんなど自分で「ああいう表現をしたい」と思った歌詞を書き写して練習しても有効です。**「学び」とは「真似び」です。**まずは真似をすることろから始めるのが、上達の一番の方法です。

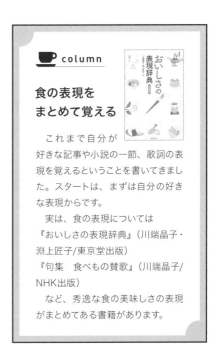

☕ column

食の表現を
まとめて覚える

　これまで自分が好きな記事や小説の一節、歌詞の表現を覚えるということを書いてきました。スタートは、まずは自分の好きな表現からです。

　実は、食の表現については『おいしさの表現辞典』（川端晶子・淵上匠子/東京堂出版）『句集　食べもの賛歌』（川端晶子/NHK出版）など、秀逸な食の美味しさの表現がまとめてある書籍があります。

▶️ フードライター養成大学とは

情報発信力を向上させるための勉強法を、体系立ててまとめた講座が「フードライター養成大学」です。協会では、フードアナリスト資格者向けの講座である「フードライター養成大学」を毎年開催して、より専門的・実践的な食の文章力を身につけるサポートをしています。

フードライター養成大学のカリキュラム

「フードライター養成大学」では、協会が考える「文章力」向上プログラムを体系的に習得できるようにプログラムされています。

1日3時間の講義は、大きく前半と後半に分けられます。

前半：有名グルメ雑誌の編集長（クラス）に来ていただいて90分間、グルメ雑誌業界について講演をしていただきます。終わったあとは名刺交換会で交流。

後半：フードライター養成講座専任の講師が講義を担当します。

毎回、テーマを決めてフードライティングに必要な知識と技術を学びます。

テーマは「フードライターに求められること」や「言葉を引き出すインタビュー」のように大きめに捉えて、内容は「取材のお願いの仕方」や「インタビューのコツと注意点」のようにより具体的、実践的な内容を学びます。よく吟味されている内容で、フードライターとしてすぐに役に立つと好評です。

【フードライター養成大学概要】

参加資格：4級フードアナリスト以上（正会員および認定会員）

期間：毎年12月〜4月の3カ月半

日程：毎週火曜日

時間：19時スタート22時終了の毎回2時間半

テキスト：

『おいしさの表現辞典』（川端晶子・淵上匠子/東京堂出版）

『句集　食べもの賛歌』（川端晶子/NHK出版）より抜粋製本

『日本の色・世界の色』〜写真でひもとく487色の名前〜（永田泰弘・監修/ナツメ社）

『フードアナリスト4級教本』（学研）第5章「色のイメージ」

「香りのイメージ」レジュメ

その他、協会独自に編集したレジュメ

課題：毎週、テーマが出され、800文字のコラムと短歌を提出

修了：7割以上出席かつ毎週の修了課題をすべて提出し、合格した者に修了証

ゲスト講師：毎回有名グルメ雑誌の編集長クラスが1時間30分講演

　課題と小テスト：食の表現についてまとめたレジュメ（『食べもの賛歌』川端晶子/NHK
出版）や「香りのイメージ」「色のイメージ」のレジュメから、毎回小テストがあり、一定
の点数をクリアしないと修了できません。課題はテーマに沿った800文字のコラムと、同じ
テーマの短句を1つ創って提出しなければいけません。

　表彰：コラム、短句については翌週に全員分をコピーして全員に配布し相互研究します。
毎週、専任講師が選んだ週間優秀賞を発表します。週間優秀賞の数で卒業の際、「最優秀
賞」「優秀賞」「優良賞」を授与します。

●フードライター養成講座カリキュラム例

日程	テーマ	内容
1月15日	「フードライターに求められること」	●媒体による違い ●美味しさをどう表現するか ●ブログ、Facebookを日課にしよう
1月22日	「行きたい、食べたいと思わせる文章を書こう」	●基本的な文章構成 ●表現のポイント ●徹底的に推敲する ●毎日書くことの大切さ
1月29日	「取材のためのアポ取りができるようになる」	●取材のお願い ●アポ取り ●ファーストコンタクトの重要性 ●取材のノウハウ
2月5日	「ことばを引き出すインタビュー」	●インタビューのコツと注意点 ●デジカメでの撮影のポイント
2月12日	「取材原稿を書こうその1」	●構成を考える ●原稿作成にあたってNGポイント ●タイトルやリードについて
2月26日	「取材原稿を書こうその2」	●お店の特徴とその表現方法 ●フードアナリストとしての知識と視点を入れる ●サービス、ホスピタリティー、雰囲気、食の歴史・文化を伝える
3月5日	「修了課題をみんなで読んでみよう」	●お店を訪問したくなる原稿か？ ●いい写真とは？
3月12日	「知っておきたい編集のこと」	●企画から1冊の本ができるまで ●編集者がライターを育てる
3月19日	「ライター講座を振り返って」	●書き続けることの大切さ ●フードライターとしてのアンテナ ●仕事の連鎖

●『食べもの賛歌』
(川端晶子/NHK出版より抜粋)

短句
コンニャクの官能的な口ざわり
艶やかな揚げ出し茄子に舌を打つ
柔らかな甘みがひそむ九条葱
ぬか漬けや青いトマトの香りして
さっくりとマッシュルームの歯触りや
さっぱりと涼しげな味なつめの実
つやつやと瞳のような柿の色
手作りの野趣が懐かしよもぎ餅
さわやかな詩美の味覚の檸檬かな
はらはらと落ち葉の風情ミルフィーユ
赤貝のざくらの花の色調ぞ
口中でピチピチはねる蛍烏賊
もちもちと岩魚の洗いの鈍重さ
鮮やかな鰻の肝焼き大人の味
青柳のぬた賞味して花吹雪
豚足のプリンプリンの煮凝りよ
はんなり甘い塩味してカブリト（仔羊）や
こっくりと落ち着きのある治部煮かな
ピータンの宇宙の神秘的色調
ふつふつとチーズグラタン踊ってる

●香りについてのイメージ
香りを視覚的・味覚的・聴覚的・嗅覚的・触覚的・感情的などさまざまな表現方法

Bitter	苦い
Burnt	焼いた、焦げたような
Caramelic	カラメルのような
Dark	暗い
Delicate	繊細な
Earthy	土のような香り
Elegant	エレガントな、優雅な
Fresh	フレッシュな、新鮮な
Fermented	発酵した
Floral	花のような
Fruity	果実の風味がある
Harmony	調和のとれた
Hot	辛い
Jammy	ジャムのような
Juicy	水分の多い、果汁を絞った
Light	明るい、軽い
Note	調べ
Pungent	ツーンとくる
Rich	華やかな、芳醇な
Soft	柔らかい
Sour	酸っぱい
Smoky	煙の匂いのする
Spicy	スパイス（香辛料）のような
Sweet	甘い
Tropical	熱帯の
Vanilla	バニラのような
Warm	温かな、おだやかな
Woody	木のような

第7章

フードアナリストとしての
活動

フードアナリストの7つ道具

フードアナリストの資格取得者は日々切磋琢磨して、フードアナリストとしてのアイデンティティを確立し、食のプロとして精神修養に励まなくてはなりません。そのための基盤となる行動指針を心に刻んでおきましょう。

取材・調査・分析に欠かせない道具とは？

　フードアナリストは、「食の情報に精通し、食の魅力を発信するプロフェッショナル」であると同時に、高い倫理観念と深い食文化の知識を持った「プロシューマー（プロデュース＝生産ができるコンシューマー＝消費者）」です。

　食の情報を中立かつ公正に取材し、客観的で合理的な発信することが重要ですが、決して机上の分析では成り立たず、**フードアナリスト自身できちんと取材、調査をして、自分自身で確証を得た情報だけを発信する必要があります**。その取材・調査・分析には、正確を期するためにはいくつかの欠かせない道具が存在します。ここでは、フードアナリスト必携の『7つの道具』をご紹介します。

［7つ道具①］ 温度計

「料理に温度計を使う」と聞くと、調理用の温度計を想像する人が多いかと思います。揚げ物で使う油の温度管理や、パンやヨーグルトなどの発酵食品を作る際の発酵に適した温度、ハンバーグや厚切り肉などの火の通り具合といった温度管理には、「料理温度計」を使用します。しかし、ここで紹介する温度計は、そういったクッキング用の中心温度計ではなく、**料理を食べるために適した温度を測る「表面温度計」**を指します。

　例えばワインです。ワインの甘味と酸味と渋味のバランスは、美味しさにおいてとても重要です。このうち、甘味は温度が高くなると強く感じ、低温で控えめに感じられます。酸味はその逆で、低温であるほど際立ち、高温になるほど柔らかく感じられます。渋味も低温で強く感じ、温度が高くなるにつれてまろやかに感じられるようになります。

　そのようにワインをこだわって飲むためには、ワインボトルに巻きつけておくタイプの温度計まで販売されています。

　また、ホットスープの適温は、体温よりも25度以上ということが科学的なデータで提唱

されていますが、人の体温が平均36度とすると、プラス25度。**つまり、62度〜70度が、人間の舌が温かさを感じる適温ということ**が、科学的な根拠として計算されています。

　他にも、お寿司のシャリの微妙な温度感や、料理人が用いる食材の温度、泡状のエスプーマやムースなど、取材する際に正確な温度を測り、記事に加えることで付加価値が上がります。

　これらの理由により、表面温度計を携帯しておくとよい道具といえます。

　ただし、外食先でおもむろに温度計を取り出して料理の温度を測るなどの行為は避けたほうがよいでしょう。温度を測りたい場合は取材をしている旨を話し、オーナーやシェフに許可を得て、周囲のお客様を不快にさせないなどのマナーを守って測ることが大切です。

［7つ道具②］ 懐紙 (ふところがみ)

　近年、懐紙を使用する日常は減っていますが、実は**日本の食事マナーに使う伝統的なアイテム**です。懐紙と書くように、まさに"懐に入れて携帯する和紙"のことで、古く平安時代から日常で使われてきました。当時は平安貴族がエチケットとして着物の懐へ忍ばせ、ティッシュペーパーやハンカチのように使用していました。現代では茶席の道具として用いられ、茶懐石で出てくる和菓子の下に敷く和紙としても有名です。

　懐石料理の際に使う添え紙（口に食べ物を運ぶ際に、汁などがこぼれないよう膳に添えられた紙）も、懐紙です。使い方はさまざまあり、食事の時に口を拭く、折りたたんでコースター代わりにする、テーブルにこぼしたものを拭く、立食の際のグラスの水滴を防止する、女性のお化粧直しなど、あらゆる場面でも自由に使用できることで、最近になって注目されています。

 column

懐紙の粋な使い方

　数年前、大勢でのお食事会があり、会費を集めた時の話です。とある出席者の女性から、懐紙で折られたポチ袋を渡されました。「こちらでございます」と、慎ましやかに差し出したその中身を開けると、そこには会費が入っていました。さらに、広げた懐紙の余白には、「ありがとうございます」という文字が書かれていました。手書きのお礼という配慮、それも懐紙にしたためられていたことに、とても感動したことを覚えています。このように懐紙を使いこなせたら、とても粋ですね。

そもそも日本人には、昔から食は余すことなく食らうという"一物全体思想"が存在しました。命には頭から足先まで余分なものはひとつもありません。野菜や穀物、牛や魚といった命あるものは丸ごと食べることが大事で、魚の骨や野菜のへた、貝殻なども捨てることは禁忌(きんき)だったのです。そこで、食べることができずに出した骨や野菜屑(くず)などは懐紙に包んで自宅に持ち帰り、庭に撒いて花木の肥やしにしていたという説が残っています。

最近ではお洒落の一環として、若い女性たちの間で持ち歩いている場面も増えています。「懐紙コレクター」用の商品も増え、定番の和柄以外にも、ポップな洋風デザインや男女共有で使えるシックな色味の懐紙なども、店頭で見かけるようになっています。

ひいては懐紙を入れる懐紙などもありますので、こだわり始めたら心が弾むアイテムです。お気に入りを見つけて、ぜひ秘密道具のように使いこなしてください。

7つ道具③ メジャー

料理の大きさを正確に測るためには、メジャーが必要です。

よくグルメ記事などの料理の紹介で、"大きめ"と表現されることがありますが、大きめといってもどのくらい大きいのか、具体的にはパッと想像がつきません。フードアナリストは外食産業をサポートする役割もあり、正確なリポートが大切ですので、**大きさは正確に記すことが必要となります。**

例えば、ステーキを例にとってみましょう。大きさがいつもとは違う特大サービスだった場合、どのようにレポートしますか？ 「サービス期間はいつもよりステーキが大きかった」と紹介するよりも、「いつもは5センチの長さのステーキが、サービス期間中は、長さ8センチ、厚さが2センチになっていました。なんと容積ベースで、1.7倍です」と、正確な情報を明記するほうが親切でしょう。そのうえで、さらなる付加価値が生まれます。他にも、うなぎでしたら、「ビッグサイズのうなぎ」という表現よりも、「長さ25センチ、重さが300グラムの特大うなぎ」という記載データがあれば、スケールがより伝わってくると考えます。

そういった信頼を勝ち取るためにもメジャーがあると便利です。とはいえ、外食先などでおもむろにメジャーを出し、人前で料理を測る行為は、マナー違反ともいえます。TPOをわきまえながら、目測のコツを十分に習得できるまでは、メジャーを利用することを提案します。

7つ道具④ カメラ・ICレコーダー

「映え」という言葉が流行したように、飲食店で料理写真を美しく撮る行為は、もはや当たり前となっているのではないでしょうか。SNSが発達した今、公共のスペースで料理の写真を撮ることが一般的な時代になりました。

とはいえ、フードアナリストは食のプロです。スマートフォンにしても、一眼レフカメラにしても、料理をより美しく撮影できる高機能・高画質のタイプを選びましょう。

☕ column　料理が美味しく見える撮影法

料理を俯瞰で真上から撮られる人がいますが、これは案外一番難しい撮り方です。プロのカメラマンでない限りは、無機質に見えてしまいがちだから。料理の撮影は、美味しそうと思ってもらえる絵にすることが大事です。美味しさを写真で表現することを「シズル感」と呼びますが、シズル感を出すためには、まずは撮り方を学びましょう。

おすすめのアングルは、料理の中心から左右どちらか3分の1にズラし、斜め上から接写する手法です。料理写真は、決して全貌を収めなくてはいけないわけではありません。お皿の形や料理全体の量がイメージできる範囲であれば、料理自体は見切れていても大丈夫なのです。

ただ、そのことを多くの人は知りません。例えるなら、観光地などで写真を撮る観光客の写真です。観光スポットなどで通りすがりの人から写真撮影をお願いされたことは、ありませんか？全体像を収めようとして、遠目に移動したり、その人たちの足元までレンズに収めようとして自らがしゃがんで撮影した経験は、きっと誰もが体験したことはあるでしょう。記念としてはすべて収めることは大事ですが、案外、人物は表情がわかるバストアップでもよく、その背景に観光スポットが写っている程度が美しいのです。

料理もそれと同じ考え方です。すべてを収める教科書的な写真は記録用としてあってもよいと思いますが、記事として公開する写真にしては、意外にシズル感が出ないことが多いのです。

もうひとつは、アングルを斜めにして撮ることです。こちらも教科書的な四面四角から離れて、アングルを斜めにすることで広がりや奥行きといった立体感が出ます。美味しそうな写真を撮影したい際は、まさにこの立体感もポイントです。

加えて、もしシチュエーションとして自然光が入るお店だとしたら、光が注ぐ窓辺に料理を持っていき、自然光を利用して撮影してみましょう。画面の上から下に向かって注ぐ逆光、半逆光で撮ると、期待以上のシズル感が演出できます。

ただし、営業中のレストランの中には、「撮影することがマナーに反する」「自分が写真に写り込む可能性があって迷惑」と感じるお客さんもいますので、**店内では必ず撮影の許可を得ること。**食事を楽しんでいる周囲にも気を配って撮影することが、フードアナリストとしてのルールです。特にフラッシュはその場の雰囲気を壊しますので、基本的に使用せず、どうしても必要な場合は周囲に人がいないか確認するなどに留意してください。

　ICレコーダーも必須です。飲食店への取材は、料理のことだけでは成り立ちません。シェフやオーナーのインタビューをすることによって、お店のポリシーや使っている食材へのこだわり、生い立ちや歴史、特徴を知ることができます。情報の深みを得るためにも、お店のスタッフへの取材が必須ですが、筆記しながら同時に、ICレコーダーで録音することも大事です。

　録音する場合についても、カメラやメジャー、温度計などの道具と同様、「録音してもよいでしょうか?」と、事前にインタビューする相手に許可をとることがエチケットです。

［7つ道具⑤］ 名刺

　ビジネスシーンでの名刺は、常に必携です。それはフードアナリストが飲食店を訪れる時も同じです。

　そこで、フードアナリスト協会では、フードアナリストと明記した名刺を作っています。その名刺を配ることによって、フードアナリスト協会を中継にして、多くのフードイベントや新作発表のリリース、取材先からのお礼、または逆に取材依頼、メディアへの出演依頼などが届く仕組みになっています。フードアナリストは個人事業主でもありますが、いわゆる**個人で活動しているタレントともいえるのです。**

［7つ道具⑥］ 筆記用具

　持ち物によって、その人となりがわかるということわざがあります。**私物はその人の志向、物への思い、仕事への姿勢がにじみ出るのです。**

　洋服やバッグ、アクセサリーなどの外見が上品なのに、バッグから取り出したペンが壊れかけた100円のボールペンだとしたら、多少がっかりしませんか?　ブランド品かどうかはさておいても、取り出した筆記用具にこだわりを感じる人のほうが、どことなく惹かれるでしょう。

　もちろん安いものがいけないといっているわけではありません。金額よりも、自分が心底

かっこいい、美しいと感じている筆記用具の方が長年使えますし、愛用品として一生の宝物にもなります。さらに、こだわりのある小物たちに囲まれていることで気分が高揚し、仕事への姿勢もおのずと変わります。ちょっと高級ですが、2万円のペンを気に入ったなら、それを10年使っている図を想像してみてください。10年割る2万円で計算すると、実は将来的にも経済的だということと気がつきます。毎月100円で5本セットのボールペンを壊れるたびに買うよりは、よっぽどモノを大事にしていると感じます。

　書くプロは道具にもこだわります。

7つ道具⑦ MY（マイ）箸

　MY箸はフードアナリストにとって必携の道具ではありませんが、あると安心できるアイテムです。そもそもMY箸は、十数年ほど前、エコブームの一環として流行しました。割り箸の消費量が減ることでエコロジーに貢献するという考え方でしたが、**外食時も自分の箸を持ち歩くことは、ある種のステータスでした。**

　また、それ以外にもMY箸を持ち歩くことのメリットがありますが、それは衛生面です。近年の感染症事情などが影響し、自分の箸を持ち歩いている人が増えているというのです。これからは感染症対策として、第二次MY箸ブームが訪れるかもしれません。

☕ column　フードアナリストになったら、フードライターに

　フードアナリストになったら、まずはフードライター登録をしてフードライターとして活動を始めてください。フードジャーナリストと名乗る人もいますが、フードジャーナリストはフードロス問題や貧困問題、フードバンクなどもっと大きな社会的な題材に取り組むイメージが強いです。

　そのため、まずはフードライターとして、レストランや食品、食材の記事を書いてください。依頼がなければブログやInstagram、Facebookなどで発信を始めること。フードアナリストとしてライターをやっている、というアピールを続けることが大切です。

　そうしていると、必ず記事の執筆依頼が来ます。協会からも紹介しますし、フードアナリスト仲間経由やブログ、Instagram、Facebook経由でくる場合もあります。依頼がくれば、どんな小さな仕事であっても誠意をもって丁寧に仕上げてください。評判がよければリピートして依頼が来ます。

　フードアナリストにフードライターとして記事執筆依頼がくる場合は、依頼内容にもよりますが、ほとんどは芸術的な感覚や文学的な表現力、天才的な味覚が求められてはいません。誠実で正確、適格な表現で読者に伝わる記事が求められています。

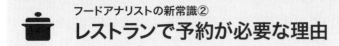

レストランで予約が必要な理由

レストランや飲食店への予約は、客としての最大限の礼儀です。ラーメン屋さんやハンバーガー店、ファミリーレストランやファストフードはともかく、客単価が3000円を超えるお店には、事前に予約をするべきだとフードアナリスト協会は考えています。

いろいろなケースを想定して事前に伝える

　そもそも予約とは契約です。「予約したことによってホスピタリティを受けます、そのための契約をいたします」ということなので、**予約時間に遅れる際には必ず電話を入れること。キャンセルをするなら前日までに連絡を入れることがマナーです。**

　最近は、テイクアウトやデリバリーをメインにするお店も増えましたが、お店に直接出向いてご飯を食べる"外食"は、将来的にもなくなることはありません。

　外食は、家では作ることができないメニューを楽しむこともできますが、それ以上にお店のスタッフやシェフとの触れ合いの楽しみにしている人もいます。そういった意味でも、レストランへ行くことは、友人の家や仕事の上司宅にお邪魔するようなもの。いくら慕っている上司、あるいは友人とはいえ、急に家に来られたら焦ってしまいませんか？　それは来られたら嫌だという意味ではなく、その時間には事情があるという意味でも困ると思います。これから出かける予定がある、お掃除していないので家が散らかっている、または他の訪問客が来ている、など。それと同様にレストランにも準備が必要です。そのため、予約することは礼儀の一環として、「いつの何時、何名で伺います」とアポを入れることは常識なのです。

　予約の際は、できるだけ多くの情報を伝えましょう。家族での食事なのか、それとも友人との会食なのか。接待、あるいは誰かの誕生日を祝う会なのか、など。より細かく伝えるなら、男性が何人で女性が何人、年齢層、上司と部下、恋人同士、カップル云々。

　苦手な食材やアレルギーのある食材に関してはお店側から必ず確認されますが、こちらからは加えて、希望する飲み物も伝えておきましょう。ワインを飲みたい場合は、値段、赤か白、微発泡、ライトバディかフルバディかなど、事前に知らせておくこと。来店時に注文して在庫がなかった場合、こちら側は気にせずともお店側が気にしてしまうかもしれません。

　いろいろなケースを想定して事前に伝えることで、その日の会食の舞台が完成します。つまり、レストランへ出かける行為はストーリーなのです。いわゆるハレの舞台で、客は演者、お店のスタッフはプロデューサーや監督、ステージを提供してくれる製作者です。レストランという舞台で、演じるは客、スタッフは裏方、双方の共同作業で完成形になるのです。

☕ column 高級レストランが子連れ禁止のわけ

　東京・銀座にある「ロオジエ」は、1973年に誕生したフランス料理店です。2021年で48周年を迎えた老舗で、ラグジュアリーな空間と常に最高のホスピタリティを届ける高級フレンチとして有名です。ミシュランでも3つ星の常連です。ミシュランが日本に上陸した2007年、「3つ星がつくのはロオジエのほかには、どこのレストランだと思いますか?」とよく聞かれました。

　料理はシェフのジャック・ボリー氏、ブルーノ・メナール氏、そして現在のシェフであるオリヴィエ・シェニオン氏に至るまで、繊細で美しく格調高く、至高の味わい。1人数万円するレストランですので美味しいのは当然として、ロオジエの一番の特徴は日本最高のホスピタリティです。

　以前のホームページには、42席の席数に対して45名のスタッフがお迎えします、と謳っていました。調理スタッフも含めてですが、お客さん1名に対して1名以上のスタッフがもてなす、と公表しているレストランを、私はロオジエしか知りません。

　ロオジエもそうですが、高級レストランでは中学生未満の子どもの入場を禁止しています。海外のレストランの多くも同様です。理由は「高級レストランとしての場の雰囲気が壊れるから」。超高級レストランにおいて、「場の雰囲気」は料理を味わううえで重要なファクターです。子どもが走り回ったり、大きな音を出したりする物音を、微笑ましいと感じる余裕のあるお客さんばかりではありません。お客さんは「厳粛で凛とした雰囲気」を味わいにロオジエに来ています。

　ロオジエは頻繁に行くようなお店ではなく、特別な日に予約して行く店です。いわば「ハレのお店」です。結婚のプロポーズの舞台として来店する若いカップル。反対に離婚を切り出す夫婦もいます。明日から重い病で入院する人、友人との束の間の再会を楽しむ人たち。莫大な金額の商談。喜怒哀楽の交錯する場所であり、人生の縮図でもあります。ピリピリとした緊張感の中で食事をしているお客さんもいます。そういったお客さんは、子どもたちが大声で騒ぐ、赤ちゃんが泣く、幼児が食器を落とすという物音にも神経質になってしまう場合があります。人生を賭けたイベント、人生最大の食事会に水を差してしまう可能性があります。

　ロオジエの源流である資生堂パーラーは1902年（明治35年）が起源。明治、大正、昭和と女性が社会で躍進する時代へ移行するにあたり、女性が健康で美しくあることを応援し、働く女性が思いっきり美しく着飾って来店できるステージを作るためにオープンしたお店がロオジエです。ホスピタリティも日本最高水準です。

　一度、北関東の美容部員さんの研修で、「最高のホスピタリティを学ぶには、銀座ロオジエに一度行ってみてください」と講演しました。するとそこにいた4名の10代の美容部員さんが、毎月5000円ずつ積み立てて1年後、6万円を握りしめて、本当にロオジエに行ったそうです。1万円札が汗で濡れているくらいの緊張感が伝わりますね。その緊張感も含めて「ロオジエ」です。

　20歳前後の少女が、なけなしの6万円を握りしめて、緊張感で行く憧れのフレンチレストラン。

　さまざまな意見はあるかと思いますが、そういった思いを踏みにじらないためにも、彼女たちの志を冒涜しないためにも、やはり子どもはロオジエで食事はしてはいけない、と私は思います。ちゃんと自分でお金を稼ぐようになって、礼儀をわきまえ、そしてロオジエの価値が本当にわかるようになって、初めて行くレストランもあっていいと思います。

フードアナリストの新常識③
食をニュースにする

日本フードアナリスト協会は毎年定期的に、『プレスリリースの書き方』という講座をやっています。リリースを書く時に大切なのが、いかに情報を盛り込むか。これに尽きます。なぜなら、現在は空腹を満たすことより、情報を食べる時代だからです。

私たちは「情報」を食べている

ジャン・アンテルム・ブリア＝サヴァランという人物をご存じでしょうか？

サヴァランは、フランスの司法と政治に関わる有識者ですが、美食家としても名が通っています。それも単なる料理評論や美食自慢にとどまらない語り口で、「食を語ることの本質」を打ち立て、世界を代表する食通とされています。彼が上梓した『美味礼賛』（邦題）

【Profile】
ジャン・アンテルム・ブリア ＝サヴァラン
1755年4月1日〜1826年2月2日
フランスの法律家、政治家。
『Physiologie du goût』（『味覚の生理学』)）（日本語訳『美味礼讃』）は1825年に出版された。

という著書は、人間にとっての食べることの意味を多面的に語っており、発売以降、美食学や食道楽に関する著作物の代名詞ともなりました。内容も、単なるグルメガイドブックのようなものではなく、食を土台とした哲学的考察、つまり食べることが社会全般と人間の根幹にまで及ぶという内容で目を見張ります。

フードアナリストはまさにサヴァランに倣って、食、あるいは食以上の情報のプロフェッショナルという矜持を抱いて、情報を発信していかなくてはいけません。まさにそれこそが「食はニュースになる」ということなのですが、要するに**私たちは「情報」を食べている**のです。

ニュース性のある情報を発信する

食の情報をニュースにするのは、企業内の広報担当、もしくは社外で広報を担うコンサルタントの業務です。食関連の商品を差別化したり、ブランディングしたりして、新商品や新サービスを食情報としてニュースにします。「プレスリリース」など情報発信の重要な仕事です。

情報とはデータ（事実・ファクト）に評価や目的を加えたものです。

第3章で書きましたが、食の情報は9つありました。

①安全情報、②栄養情報、③新商品情報、④うまいもの情報、⑤鮮度情報、⑥調理情報、⑦味覚情報、⑧旬情報、⑨食材情報。

食の情報をニュースにする場合、この9つの情報をニュースにしなければいけません。

さらに、ニュースにするには「ニュース性」が必要です。ニュース性がないニュースは、どんなメディアも取り上げてくれません。ニュース性がない情報は発信しても、誰も興味を持ってくれません。そのため、フードアナリストが情報発信をする時は、「ニュース性」のある情報の発信であればあるほど発信力が上がります。

ニュース性はついては第5章で書きましたが、8つありました。

①人間性、②新奇性、③国際性、④地域性、⑤記録性、⑥普遍性、⑦影響性、⑧普遍性。

食の情報をニュースにするには、「食の情報9つの中の最低1つ」に、「8つのニュース性を最低1つ」を付加する必要があります。

例えば、「食の情報①安全情報」に「ニュース性⑤記録性」を加えてみます。

「世界で一番厳しいといわれるスウェーデンの魚肉安全性基準を満たす認証を受けたサーモンを、横井鮮魚店が日本で初めて発売」

これは、「スウェーデンの魚肉安全性基準」という安全情報に、「日本で初めて」という記録性が加わったニュースになっています。

では具体的に、どのようなポイントを変更したら、「新商品」「新サービス」「差別化した商品」となり、ニュースとなるのでしょうか。フードアナリスト協会が考える16のポイントを見ていきましょう。

①大きさに変化をつける

「メガ●●」「たっぷり」「●●のように大きい、多い」「ミニ」「ひとくちのように小さい、少ない」というのも新商品になります。大きさを小さくしたら、複数個売りにして色や味な

☕ column　プレスリリースとニュースリリースの違い

情報を伝える手段としてリリースというものがあります。情報や記事などを発表することですが、リリースには大きく分けて2種類あります。

プレスリリースとは、メディア（報道）向けに発信する情報のこと。ニュースリリースとは、一般向けに発信する情報です。

どちらも発信したいデータを情報にしてニュースにする必要がありますが、ニュースにする必要がない単調な情報は、なかなかメディアが取り上げてくれません。

どに変化をつけます。

②形状に変化をつける

東京スカイツリーが完成した2012年前後は、なんでも「スカイツリーなんとか」という名前の食品があふれました。話題の形状に寄せる、変わった形状にすることで、新しい商品としてニュースにします。

③商品の盛り付け方を変える

料理の場合、皿ではなく竹の切り株を使ったり、氷を敷き詰めたり、普段と違った盛り付け方をすることで新メニューにすることができます。

④時間をニュースにする

「40℃の温度で8時間焼いたビーフ」「創業以来100年間、継ぎ足し継ぎ足し伝承してきた秘伝のタレ」「0.5秒で美味しさも栄養も瞬間冷凍した」のように時間の長短は、食にとってニュースになり得ます。

⑤ひと手間、ひとひねりを加える

「焼いたあとに蒸して仕上げているので柔らかく繊細な味わいに」「昆布だしベースにほんの少しだけカツオだしを加える」のように、ほんのひと手間を加えることを強調することで新しい美味しさを強調できます。

⑥普通とは違う食材を使っている

「食べられるまで育つのに20年かかるゴボウ」「1万個に数個しかないといわれる濃厚で栄養価の高い卵」のように、食材に対して付加価値を加えてニュースにします。

⑦味に変化をつける

2012年に赤城乳業より発売されたアイス「ガリガリ君コーンポタージュスープ味」は3日で品薄になるほど人気に。その後、シチュー味やナポリタン味、メロンパン味も発売され、大きな話題となりました。味に通常の想像範囲を超えた変化をつければ、ニュースになります。

⑧シリーズを増やしていく

シリーズを増やしていけば、増やすごとにニュースになります。チョコレートを例にすると、ココア含有率72%の商品があれば、次に含有率86%の商品を出すとニュースになります。さらに含有率92%の商品を出せば、再びニュースになります。

⑨どのように提供するか

地元名産の絣や紬で織り込まれた着物を着た女性（男性）が料理を出す、と話題になります。他には、お客さんに裸足になってもらい、足湯に浸かりながら料理を楽しんでもらう

なども、ニュースになりやすい情報です。ペットボトルで初めてワインが販売された時は話題になりました。

⑩色に変化をつける

　インスタ映えという言葉がすっかり定着しました。色鮮やかな食品や料理に今ほど注目が集まっている時代はありません。一般の人がSNSや投稿サイトに投稿してくれるため、ますますニュースとしての広がりが望めます。

⑪匂いに変化をつける

　香り高い食品や料理は、匂いに変化をつけることでニュースにします。今までになかった匂い、意外な匂い、想定外の匂いなどはニュースになります。「バラのブーケの香りがするカクテル」などは好例でしょう。

⑫ネーミングで変化をつける

　商品名を変えることで大きなインパクトを与え、ニュースにすることができます。1985年に伊藤園から発売された「缶入り煎茶」という名前のお茶は全然売れず、1989年に「おーいお茶」に変更したことで爆発的ヒットとなりました。現在も、その後の緑茶飲料マーケットを牽引しています。

⑬商品を別の呼び方を使って呼ぶ

　煎餅を「カリパリ純米焼き」、ワインを「葡萄酒」、オムレツを「西洋風ふわふわ卵焼き」など、商品を別の呼称で呼ぶことで新商品にします。

⑭パッケージを変化させる

　パッケージを大幅に変えるだけで、急に売れ出す商品もあります。商品の性格や特徴、イメージがきちんと表現されているパッケージはニュースにする時も大切です。

⑮作り手にフォーカスをする

「奇跡のレタスを作るレジェンド生産者●●さんが丹精込めて作ったレタス」「世界料理コンテストで3年連続グランプリ」のように、名人の生産者や料理人にフォーカスをすることで情報をニュースに引き上げます。

⑯客層や用途を限定した商品や料理

「70歳以上の男性限定のフライドポテト」や「還暦祝い用の赤いちゃんちゃんこ型誕生日ケーキ」「BMI指数が28以上の人限定の糖質カット酎ハイ」のように客層や用途を限定する形で、マーケティングされた商品は情報としてニュースになりやすいです。客層や用途を限定させることで話題になります。

フードアナリスト8つの約束

フードアナリストは「食の情報」と「情報発信のプロ」です。プロフェッショナルであれば、言動や態度、振舞いにも責任が伴います。フードアナリストとしての責務について、意識すべきことを解説します。

お店から学ぶ、お店を育てる

①プロぶらない

フードアナリストの中にはブログで1日50万のアクセス数がある人気ブロガーもいます。代表的なSNS（ソーシャル・ネットワーキング・サービス）であるFacebookやInstagram、Twitterなどでは、フードアナリストというだけで、「いいね」や「シェア」「リツイート」の輪が広がります。フードアナリスト一人ひとりが発信力を備えたメディアであり、フードアナリスト会員がフォローをするという図式のため、飲食店の評価やクチコミには大きな影響力を持っています。飲食店や食品メーカーのアドバイザーやコンサルタントをする人もいます。さらには商品開発やメニュー開発に携わる人もいます。

フードアナリストは食のプロフェッショナルです。

しかし、**お客さんとしてお店を訪れる場合（ミステリーショッパーや視察も含めて）は、プロっぽい素振りは厳禁です。**

お店のスタッフを緊張させたり、変な気を遣わせたりしないように、できるだけ静かに謙虚に振舞うことが大切だと私は考えています。

上から目線でモノをいったり、店員を叱りつけたり、細かいことをくどくどと注意したりすることはプロとして恥ずかしい行為です。

飲食店用語と呼ばれている言葉も、他のお客さんがいる時は使わ

●飲食店用語の例

ダスター	テーブルの汚れを払うふきんや雑巾のこと。
カスター	塩や醤油、胡椒、爪楊枝等テーブルにセットされた容器のこと
シルバー	ナイフ、フォーク、スプーンなどのこと。一般的にはカトラリーと呼ばれているもの全般を指す。
三番	トイレのこと。「三番はどこですか？」と聞くのは恥ずかしい。

※この他にも寿司屋さんを中心に、ガリ(生姜)、紫(醤油)、おあいそ(お勘定)、山(ネタ切れ)、兄貴(古い食材)、弟(新しい食材)、シャリ(酢飯)、あがり(お茶)、片想い(アワビ)、おてしょう(醤油皿)、玉(卵)、サビ(ワサビ)、なみだ(ワサビ)、ガレージ(シャコ)、つめ(たれ)、下駄(寿司を乗せる木の台)などの隠語や業界用語がある。

ないようにしましょう。粋な職人さんが、職場で使うならまだ許せますが、お客さんが使うべき言葉ではありません。

②常連ぶらない

　レストランで特別扱いをしてもらったら、幸せな気分になるものです。でも、人間は嫉妬深いもの。自分以外の誰かが特別扱いをしているのを見せられると、悲しい気持ちになったり、嫉妬心で怒りに震えたりするものです。実際、レストランのスタッフが常連さんと長々と楽しそうに話しているのを見ると、あまり気持ちのいいものではありません。

　サービス・接客で非常に評価の高いお店では、「1組のお客様の席には1分間以上とどまって話をしない」というルールを決めているくらいです。もしも話が長くなってしまった時は、周囲の他のお客さんにもしっかりとフォローするという教育を徹底しています。そういったお店はスタッフへの教育が行き届いていますので、いつ行っても優しく爽やかな風が吹いているような居心地のよい空間をスタッフが演出しています。

　フードアナリストは、お店の嫌がることは基本的にはしない、というのが約束です。

　フードアナリストはレストランスタッフと仲よくさせていただくことが多いですが、個室は別として、なるべく**常連ぶらない、偉ぶらないことも、フードアナリストとしての嗜み**です。

　フードアナリストとしてどんなに有名になっても、どんなにネットメディアにたくさんのフォロワーやアクセスがあっても、謙虚で誠実な態度が必要です。

　少なくとも他のお客さんが周りにいる時は、できれば常連であることを隠して飲食をするぐらいの気遣いが必要です。

　フードアナリストにとって、レストランは大切な癒しと楽しみの場所。それは常連さんだけのものではありません。初めて来店されたお客さんにとっても大切な場所です。みんなにとって大切な場所を、慣れあいや甘えた態度で踏みにじらないようにしたいものです。

③スタッフに目を見て挨拶をする

　レストランに入る時、ちゃんとしたレストランであれば、すれ違うスタッフは全員が「いらっしゃいませ」「ご来店ありがとうございます」と挨拶をしてくれるはずです。

　その時、あなたは昼間なら「こんにちは」、夜なら「こんばんは」と挨拶を返していますか。

　教育が行き届いていなくて、スタッフが「いらっしゃいませ」と挨拶してくれない時でも、こちらから挨拶をするようにしましょう。

レストランは、自宅ではなく他人の建物。そしてほとんどのスタッフは初めて会う人。

未知なる場所で会った人と挨拶を交わすのは当たり前の礼儀です。

特にレストランで食事をした帰りでは、きちんとしたレストランであれば、スタッフは必ず、「ありがとうございました」と声をかけてくれるはずです。

その時、あなたは挨拶していますか。「ありがとう」「美味しかったよ」「素晴らしかったよ」「お世話になりました」「ご馳走様でした」

その飲食店で過ごした幸せで楽しい時間、美味しかった料理、サービスに対して感謝の気持の言葉を伝えてください。飲食店の料理人、サービススタッフのモチベーションが上がり、ますますよいお店になります。お店はお客さんによって育てられます。そして私たちお客さんはお店によって育てられます。日本に素晴らしいレストラン文化を育て、根づかせるために、まずは感謝を込めた挨拶から始めてみましょう。

④ファースト・ドリンクは全員分まとめて注文

1人や2人でレストランに行く時はともかく、4人以上で行く時は1杯目のドリンク注文（ファースト・ドリンク）はフードアナリストがさりげなくまとめて、全員分を注文しましょう。

あくまでもさりげなくが大切です。上から目線や仕切り屋ふうにならないように、全員分のドリンクをまとめて、注文します。自分以外で誰か他に仕切る人がいれば、その人にお任せします。フードアナリストの役柄としてはあくまでもさりげなく。目立たないように注文をまとめることです。

高級レストランで、スタッフがおすすめのワインなどの説明を丁寧にしてくれる場合はこれに当てはまらず、ゆっくりとスタッフのワインの説明を聞けばOK。フードアナリストが注文を取るのは、あくまでも普通の居酒屋さんやカジュアルレストランの一般的なドリンクメニューの場合です。

夕方6時から8時過ぎまでの繁忙時間帯に、4人以上、特に8人や10人で行った場合、スタッフがファーストドリンクの注文を取りに来た際にはフードアナリストが全員分をまとめて注文をしてあげるようにしましょう。

普通、ファーストドリンクが全員に行き渡ってから、「乾杯！」で食事会はスタートします。

ビールやハイボール、酎ハイなどあらかじめ自分のその店で頼みたいファーストドリンクをイメージしてメニューを見ましょう。どうしても通常なメニュー以外を頼みたい場合は、早めにメニューを見せてもらって決めるようにしましょう。

スタッフが一人ひとりの注文を聞いていると、ミスも起こりやすく、時間もかかります。他のお客さんがいないならばいいですが、フードアナリストが行くお店は大体が繁盛店です。**忙しいスタッフさんの手をなるべく煩わせないようにすることも、フードアナリストの役割です。**同様に、食事が終わって会計をする時も、スムーズに会費を徴収して会計ができるようにお手伝いするのもフードアナリストの心得です。

⑤レストランに行く時は身ぎれいに

レストランとは「男性は最も男らしく、女性は最も女性らしく」振舞えるステージであると協会では考えています。

1000円未満のファストフードレストランは、ある程度カジュアルな服装でも構いませんが、ファミリーレストラン以上の業態には、**フードアナリストとして恥ずかしくない清潔感のある服装で訪問します。**

派手な恰好、華やかな装い、お洒落である必要はありませんが、清潔感のある服装であることが大切です。品性とは「親しき仲にも礼儀あり」です。

フードアナリストとして活動する場合は、**常に品性を意識して行動したいもの**です。

⑥ドリンクも楽しむ

料理はアルコールなどのドリンクと一体として楽しむものです。いわば、ドリンクは料理の中の1つ。特にワインやビール、日本酒などの醸造酒は芳醇で風味豊かで、料理に欠かせない存在です。蒸留酒も、もちろん料理に合います。

外食業の教科書には、原価率管理という分野があります。大体の教科書には、「値段に対する原材料の原価は35％以下にすべきである」と書いてあります。

原価率35％では利益がほとんど出ませんので、よいお店・優秀なお店は、原価率を25％まで低くするように努力をしています。原価率を低くするには「ドリンクを販売することである」と教科書には書いてあります。

居酒屋で「刺身3品盛り合わせ（3点盛り）」とビールなどのアルコールドリンクの値段はほぼ同じです。居酒屋やレストランで一番ポピュラーなアルコールドリンクは「生ビールの中ジョッキ」（生中）ですが、仮に生中が700円であれば原価率は10％台です。酎ハイやハイボールならば、ひと桁台の原価率の場合もあります。ワインもグラスワインであれば、原価率は10％台。ウーロン茶やオレンジジュースなどのソフトドリンクはもっと原価率は低いと考えられます。

つまり、**ドリンクをお客さんがオーダーすればするほど、原価率は下がり、レストランは利益が出やすい**ということです。

だからこそ、フードアナリストはきちんとドリンクもオーダーしましょう。お店に利益を出してもらいましょう。料理やデザートと同じぐらいドリンクも楽しみましょう。

⑦予約をする

予約の作法　日時

何月の何日の何曜日まで細かく予約します。レストランによりますが、予約は半年先まで

☕ column　**レストランの「付加価値」**

インターネットの発達で、料理を作る原材料の値段がガラス張りの時代です。レストランのお客さんも、自らが支払う金額に対してセンシティブな時代になってきています。

そういった流れの中で、激安焼肉、激安フレンチ、激安ステーキなども増えてきています。特に平成になってからはレストラン・デフレの時代が続いています。中には「原価率85%」を謳う店も現れています。

原価率が高いことがお客さんのためという風潮もありますが、それは間違いです。

スーパーでハマチの刺身を380円で買ってきて、それをお店で皿に移し替えて450円で販売する。「原価率は84%。うちは安いからお客さんのために頑張っている」

果たしてそうでしょうか。ある意味では正しくても、一概にそうとは言い切れません。

例えば、太めの孟宗竹を50センチくらいに輪切りにして、それを縦半分に切ったものに4脚をつけて刺身の容器にします。その容器の底にLEDライトの美しい電飾を仕込んでその上に氷やガラス玉を乗せ、その上に竹の皮を敷く。そして竹の皮に、先ほど買ってきたハマチの刺身を美しく盛ります。

これでとても美しいハマチの刺身盛りができあがります。すり下ろした本わさびも添えてあります。

このハマチ刺身を、落ち着いた雰囲気の客間で、着物を着た女性が美しい所作で持ってこられたら、780円でも「高い！」というお客さんはいないでしょう。

料理の原材料だけで料理の価値が決まるなら、家で食べたほうが安くていいですね。

実際、最近は外食店が流行らなくなった理由として、不景気が続き、「家飲み」が増えたからだという指摘もあります。今や居酒屋のライバルはコンビニエンスストアだというのも納得です。

食のプロフェッショナルとは、「低い原価率の料理をお客さんに納得して満足してもらえる」人です。料理やサービスなどを通して、お客さんに納得して満足できる付加価値を加えることができる人がプロフェッショナルです。安売りで、大衆に安い値段で食を提供する外食業者さんも大切な役割ですが、フードアナリストはレストランの「付加価値」を理解する存在でありたいものです。

受け付けているお店が多いようです。月間違いで予約をしている場合もありますので、曜日まで確認したほうが、ミスが少なくなります。

　レストランの予約時間を正確に伝える必要があります。その際にできる限り、そのレストランの情報を聞いておきます。

　オープン時間、閉店時間、ラストオーダーの時間。最低限、これらは確認をしておくことは大切です。また、電話での対応がどんな感じなのかの確認にもなります。

　予約の時間には、必ず行かなければいけません。もし、定刻より10分以上、遅れるようであれば、レストランに連絡を取ることが必要です。連絡のない予約客は多くの場合、大体30分までは待ってくれますが、それ以後はノーショー（予約されても来店されない客）扱いにされてしまいます。事前に用意した景観のよい席、またはそのレストランでの居心地よいテーブルは、確保してもらえない場合もあります。

予約の作法　予約名、正確な人数、連絡先

　個人名なのか、法人名なのか。集まりの名前なのか、席の名前はできるだけ具体的に伝えます。「●●●●様、還暦お祝い」だとか「●●●●様、成人お祝いの会」など来店した参加者にわかる予約名のほうがいいでしょう。

　レストランに訪問する人数を伝える時も、できる限り詳しく伝えます。予約の際、**よい店、ホスピタリティ意識が高い店であればあるほど、来店客の情報を知りたがるものです。**

　同じ4人でも、30代男性1人、50代男性1人、この2人は上司部下関係、40代女性1人でこの方は隣の部署、最後1人は70代女性でこの3人のいる会社の社長、これぐらい詳しく伝えたほうがよいでしょう。

　連絡先についても正確に伝えてください。確かな電話番号を伝えるのもルールです。万が一の曜日の確認や、変更時間の確認などレストラン側からリコンファーム（確認）の電話が数日前にかかってきます。お互いの信頼関係を構築するために、連絡が取れる正確な電話番号を伝えてください。

予約の作法　目的とドレスコードについて

　どんな目的で予約をしたのか、何の集まりなのかを伝えます。

　接待での利用、誰かの誕生日のお祝いなど、**利用する目的を伝えておくとベターです。**

　レストラン側は目的が明確に把握できることで対応を整えます。接待に利用ならば、静か

な落ち着いた席を用意します。誕生日など記念日ならば、プレゼントケーキの手配や卓上花の彩り変更、テーブルを囲んでレストランスタッフ一同のハッピーバースデーソングプレゼントなど、心尽くしの時間が一生の思い出になるようなちょっとした演出効果を、目的を伝えることで得られる場合もあります。

　格式の高いホテルやレストランではドレスコード、またはドレスレギュレーションと呼ばれる服装規定があります。楽しむ時間を華麗に過ごすための規定であり、他の人に不快な思いをさせないための最低限のルールとして定められています。特にディナータイム時の服装は男女を問わず奇抜は避け、ベーシックなお洒落で行きましょう。

　お店にドレスコードは必ず確認しておいてください。また、テーブルマナーとして、iPhoneやスマートフォンは目上の人の前で操作することは失礼だと考えられています。

予約の作法　メニューと料金について

　今はインターネットで、メニューも見ることができます。コース料理を楽しむ予定であれば、できれば3日前までに、コースを指定してお願いをしておきます。

　コースメニューは四季で内容を変える、月によって内容を変更するなど、さまざまです。予約時に内容，金額をチェックしておきましょう。また最近では、オードブルからデザートまでチョイス・オブ・メニュー（数品の料理の中からお好きな料理を自分で組み立てるコースメニュー）などもありますので、予約時に確認しておくことも大切です。

予約の作法　完食する

「フードアナリスト8つの約束」の最後は一番大切なことです。

　完食する。

　これはフードアナリストの基本的なルールです。

　フードアナリストは食いしん坊の人が多いので、レストランでもついつい注文しすぎてしまう傾向があります。しかし、大人なら「腹八分目」をオーダーして、必ず完食しましょう。

　フードロス問題は、日本だけでなく地球全体の問題でもあります。

　食べることは他の生命をいただいている、という行為です。常に感謝と尊敬を抱きましょう。その食に対する姿勢の第一歩が完食です。

第8章

フードアナリストの
食「情報」育〜箸と日本料理

お箸の成り立ち

本章ではフードアナリストの食育について見ていきます。フードアナリストは食の情報の専門家ですので、食「情報」育と呼んでいます。中でも世界遺産になった和食については、しっかり知識を持っておきたいところです。

日本は世界で唯一の「完全箸食文化圏」

　お箸は、日本食文化の伝統において重要な要素です。まずはお箸の使い方をしっかりと身につけておきましょう。お箸の歴史、使い方の基本から応用に至るまでを解説します。

　世界でお箸を使って食事をしている人口の詳細をご存じでしょうか。

　お箸は主に東南アジアを中心に広く用いられている食器ですが、食事に用いる道具で世界を区分してみると、手掴みで物を食べる手食文化圏（東南アジア・中近東・アフリカなど）が44％とほぼ半分を占め、ナイフやフォークを使用するカトラリー食文化圏（ヨーロッパ・アメリカ・ロシアなど）が28％、お箸を使う箸食文化圏（日本・中国・韓国・ベトナム・タイ・シンガポール、台湾など）は、世界の約30％といわれています。計算すると、私たち日本人を含めて箸を使う総人口は、およそ19億人。今日の世界人口が77億5000人（2020年7月）と想定されているため、お箸を使って食事をしている人は世界中のおよそ4人にひとり

●三大食文化

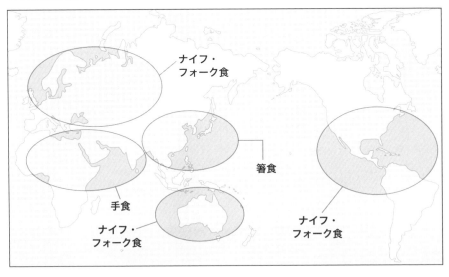

となります。

　そもそも使われる食器は、食べ物の違いや調理法に起因するといわれています。

①**肉類など、突いたり刺したり乗せる食材が多い料理を食べる人たちはフォークを使う手法**

②**パサパサしたインディカ米は手で食べる文化**

③**粘り気のあるジャポニカ米を主食とする地域や、ツルツルとした麺を好む中国の一地方では箸の文化**

　このように食文化の違いにより食器も発展したという見方があります。また、宗教的な起因もあります。ヒンドゥー教では神から与えられた身体こそが最も清いものだという考えがあり、そのため食器よりも手のほうが神聖だとされています。

　中でも日本人にとっての"箸"の概念は独特で、他国以上に大切な道具という考え方があります。というのは、他の箸文化の国と比較して見るとわかりますが、タイやカンボジア、韓国、ラオス、台湾では、汁が入った麺類を食べる時は、箸と蓮華を使って食べますし、中国や韓国では箸よりも主に匙をメインに使う匙主箸従型です。

　比べて日本は昔から箸のみで食事をするスタイルで、それは日本独自の文化であると同時に、**世界で唯一の「完全箸食文化」**です。お味噌汁やおすましといった汁物にもお箸を使用するため、汁椀を手に持って口に運ぶ食べ方は、日本だけだといわれています。

☕ column　日本の箸の起源とは

　そもそも日本のお箸はいつごろから存在するのでしょうか。
　それにはさまざまな説があります。その中から有力だといわれている2説を紹介します。

　説1 3世紀に書かれた『魏志倭人伝』では「倭人は手食する」といったくだりの記載があります。また、720年に編纂された『日本書紀』や712年に編纂された『古事記』にも"箸"の記載があり、これを箸の起源とする説。

　説2 7世紀に、小野妹子ら遣隋使が中国から帰国した際に伝来した説。遣隋使は多くの中国文化を日本に持ち帰りました。その中に中国の箸食が入っており、そこから現代と同じようにふたつの棒を組み合わせた箸が日本に伝来したという説。初めてお箸を使ったのは聖徳太子ではないか、という推測も一部残されています。

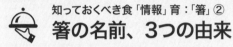

箸の名前、3つの由来

日本人の食生活に欠かすことができない道具であるお箸。ただ、それは道具としてだけでなく、日本人の精神性や宗教観、感性を表しているものと捉えられます。そのことをお箸の名前の由来から探求してみましょう。

箸の由来からわかる日本人の精神性

 column

お箸は体の部位のひとつ

　以前、東京・杉並区の小学3年生の食育の授業で、「箸を使って中身の見えない箱の中のものを当てる」というゲームを開催したことがあります。当てる食材は、ニンジン、ゆで卵、キャベツ、パンなどです。抽選箱の中身を手でつかむのではなく、長めの箸で触ったりつかんだりします。その箸でつまんだものを、ほとんどの児童がピタリと当てるのです。まるで箸の先が、自分の皮膚や爪、髪の毛など体の一部のように繊細な感覚を持ちます。「硬い」「柔らかい」「ふわふわしている」「ゴロゴロしている」「大きい」「小さい」「丸い」「四角形」などの質感や重量、大きさや形状については、箸で触ったり持ち上げたりすることで、ほとんどの児童にはわかったようでした。

　また千葉県の中学校では、同じような実験で、水の温度もわかる生徒が半分以上でした。箸を握っている指にお湯の湯気がかからないようにして、同じような抽選箱の中身には、熱いお湯、氷水などを使って実験しました。15人中9人が、箸を入れてみて、熱湯の時は熱い、氷水の時は冷たいと答える様子には驚きました。

　個人差はあるかもしれませんが、やはり箸は単なる食べ物を運ぶ道具だというだけではなく、日本人にとっては生まれ持っての身体の一部であり、指先と一緒なのだと感じた瞬間でした。

　箸の名前には、主に3つの由来があるとされています。

　ひとつ目は、「嘴」の「(くち)ばし」から箸となった説。

　嘴は鳥類の採食器官のことですが、上下の顎が突出し、口周辺がひとつながりの角質の板によって硬くなっています。その嘴で獲物をつまむ様子は、お箸を使っているようにも見えます。

　つまり、人間も鳥の嘴のような感覚で、箸を使って食事をしているという説です。洗い箸と呼ばれる誰もが使える箸を用いる海外の箸文化とは違い、日本人の箸は体の一部であり、センシティブな部分です。家族、ましてや他人が自分の箸を使ったら、違和感を持つのは、この嘴のような感覚で日本人は箸を使っているからと考えられます。

　続いて2番目の由来は、柱の「はし(ら)」という意味です。そもそも日本国は、『日本書紀』によると、「世界の最初には天地はなく、現れ

た大地はまだできたばかりで、海を漂うクラゲのようにフワフワとした空間でした」という内容の記述があります。やがてその世界は天と地に分かれ、そこで初めて浮かび上がったのが地です。その地は霧がだんだんと晴れるように大きくなって、やがて島となっていきました。それが現在の淡路島といわれています。

さらに、その天地をつないだ神々を「柱」と呼び、柱である神々たちが天地の橋渡しをしていました。つまり、「はし」は天と地を結ぶ橋渡しをするという意味で、「はし」で食料を食べる行為こそが、天と地をつなぐ「はしら」である。だから、「はし」と名付けられたという説です。

また、食べた物は体の中に入って肉となりますが、いらないものは排泄物として体から出ていきます。出ていったそれは地に還り、大地の栄養となって草木の命をつなぎます。命には時が来ます。やがて命には時が来て、人は命が尽きて、天へ返っていきます。生命のサンサーラ（輪廻）を「はし」がつないでいる、そういった深いストーリーまで含まれているのが、「橋渡し」の「はし」なのです。

3つ目は、**命と命を結ぶ架け橋の「橋（はし）」**から誕生しました。

ここで、お箸の置き方を思い浮かべてください。テー

☕ column **箸は日本の文化を表した神聖なもの**

箸の漢字は竹や草、木の造形文字であり、その材料はもともと竹・草・木などの植物でした。のちに銅・鉄・銀・金・象牙・玉・石などの材料となったということは、いくつかの古典などでも記されています。現存する日本の箸のルーツは、神事に使われていた木をピンセット状に加工したものと伝えられており、その裏づけとなる太古の箸が奈良の正倉院に現存しています。

日本人は生まれて間もなく「お食い初め」で箸を使います。幼少期から箸を使う練習をし、毎日の食事に箸を使い、死んだあとの葬儀でもお骨を箸で拾い上げ、故人のお供え物のご飯には箸を立てて供養します。そういった歴史に鑑みても、日本人の箸には「魂」が宿ると考えられるでしょう。こうして日本人は「自分だけの箸」を決めて食事をするようになったのです。お父さんの箸、お母さんの箸、自分の箸、兄弟の箸といった特定の箸を用意している家庭は多いと思います。それは日本だけの風習であり、他の箸食の国々には見られない文化です。

お箸は、日本人の生活の中の一部であると同時に、精神に根づいた非常に神聖な宝物であるのです。

ブルに箸を置く場合、日本の箸だけは食器よりも手前に、横置きにセッティングします。海外の箸食文化ではどこも箸は縦置きですが、日本においては、箸先が正面席の人に向くのはとても行儀が悪いとされているのです。

ここに3つ目の「箸」の名前の由来があります。というのは、昔の人は箸には「結界」の役割があると考えていました。仏教用語の「結界」とは、ある特定の場所へ不浄や災いを招かないために作られる宗教的な線引きのことです。日本人が箸を横向きに置くのも、「結界」という考え方から来ています。そのように箸を横置きするのは、箸よりも手前は「自分」という人間という生命があり、箸よりも向こうは「食べ物」という生命があるという考えが込められています。箸は生命と生命の結界というわけです。「食べる」という行為は、その結界を解いて人間という生命が食べ物という生命と1つになり、人間が生き残るという行為なのです。

箸は「生命」と「生命」の結界であり、懸け橋でもあるわけです。日本では、八百万の神という考え方があり、米粒の一つにも神様が宿ると考えられています。神様の宿る食べ物を口に運ぶことが結界を超えた神聖な行為である、という神道的な考え方が根づいているのです。食べるという行為は、食物の神へ感謝して結界を解き、食べ物を口に運ぶということ、食事の前に、「いただきます」と手を合わせるのは、そういった考えから由来しているのです。

肉を食べる時は、食べられた鶏や牛、豚などの命は途絶えますが、食べた側の人間の命は残ります。それは菜食主義者も一緒で、ほうれん草やトマトにしても命です。それゆえに、**箸は神様に感謝する、人と神様を結ぶ道具**、命の杖にちなんでいるのです。

☕ column **割り箸の正しい割り方**

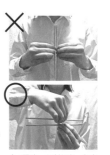

　割り箸を割る場合は、必ず箸を横にして中央部を持ち、上下に開くようにして割ります。箸先をこすり合わせて木屑を取る行為は美しくないのでNG。木屑が気になる場合は、手で取り除きましょう。

　左右に引き裂くように割ると「裂き箸」となり、「親子の縁を裂く」「兄弟の縁を裂く」「男女の縁を裂く」などと縁起が悪いとされています。割り箸は「上と下」に割るから割り箸です。裂いてはいけません。上は天。下は地。つまり、割り箸を「割る」という行為は「天のものは天に還し」「地のものは地に還す」ことを指し、食べるということを「今この時に始める」という神事と考えることができます。

上：間違った割り方。左右に引き裂くように割ると縁起が悪い　**下**：正しい割り方。

正しい箸の持ち方と使い方

日本の食事のマナーは箸に始まり、箸に終わります。食事中のマナーのほとんどが箸に関するものといっても過言ではありません。今一度、「お箸の正しい持ち方」と「使い方」を学びましょう。

お箸の正しい持ち方

　お箸の基本的な持ち方として、"3手取り"という作法があります。1手で箸をつかみ、2手は左手で抑えて、右手を下からまわして箸をつかむという流れを指します。

　では、これを具体的にイラストで解説をしましょう。

①箸置きに置かれた箸を、右手で上からつかんでとります。箸をとる際は、指を開かずに美しく揃えるようにしましょう。つかむ場所は、中央から少し右側が最適です。

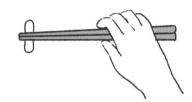

②お箸をとったら、箸の下を左手でそっと添えます。左手も指を開かずに美しく揃えましょう。

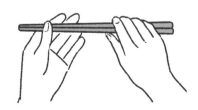

③すぐさま右手を箸の下側にまわし、通常の箸を持つスタイルになるよう、滑らせるように持ち替えます。

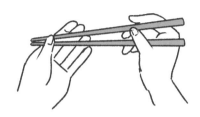

　箸を箸置きに戻す場合は、先ほどの順番の逆をたどります。

箸使い13法

日本の伝統食文化において重要な要素となる箸の使い方を覚えておきましょう。まずは、箸が持っている13の機能「箸使い13法」について触れていきます。

①つかむ

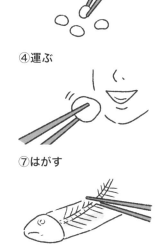

②挟む　　③支える　　④運ぶ

⑤切る　　⑥裂く　　⑦はがす

⑧すくう　　⑨乗せる　　⑩押さえる

⑪混ぜる　　⑫つつむ　　⑬くるむ

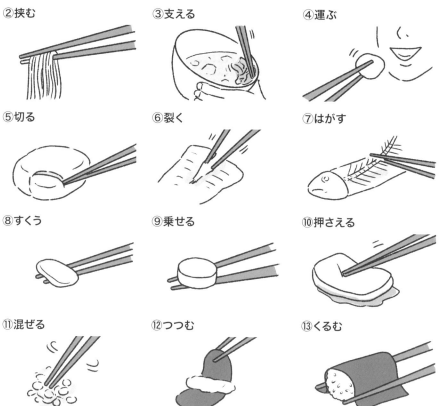

「つつむ」と「くるむ」は同じ漢字ですが、箸使いにはニュアンスの違いがあります。

　日本は箸に万能性を求める風習があったため、箸にすべてを求めるところがありますが、箸で汁物やスープを飲むことは唯一できません。汁物や吸い物は器を手で持って口をつけて飲む風習があるため、13法の中に「飲む」という作法はありません。

☕ column　箸の使い方を学ぶ替え歌

　これらの使い方は、「アヴィニヨンの橋の上で」という古くから伝わるフランス民謡のメロディーにのせた「替え歌暗記法」が覚えやすく、児童の食育などにも応用されています。

アヴィニヨンの橋の上で

やってはいけない箸のNG作法

一般的にマナー違反とされる箸の使い方を「嫌い箸（忌み箸、禁じ箸）」と呼びます。食情報のプロフェッショナルであるフードアナリストしては、絶対にしてはいけないマナーです。それら箸使いのタブーやマナーをご紹介します。

見た目に美しくない使い方はNG

①刺し箸

芋の煮つけや唐揚げなど、食べ物に箸を突き刺して食べること。片方の箸の先で刺して挟むのは問題ありません。

②涙箸

汁を垂らしながら、料理を取ること。汁が垂れるものを取る時は、とり皿を添えます。

③ずぼら箸

片手で箸と器を同時に持つこと。箸や器を落として割ったりする危険もあります。

④渡し箸

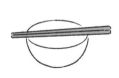

料理の器の上に箸を渡しかけて置くこと。

⑤寄箸

箸を使って器を引き寄せること。

⑥押し込み箸

料理を口に入れ、さらに箸で押し込むこと。

⑦箸うつし

ふたりで箸から箸へと料理を渡して取ること。火葬場で遺骨を拾う箸使いに似ていることからタブーとされています。

⑧迷い箸

何を食べるか迷って、箸を器から器へと次々に移すこと。

⑨振り上げ箸

箸を指揮者の指揮棒のように振り上げてしまうこと。食事中に会話がはずんだ時などによく見られます。

⑩くわえ箸

箸を口にくわえること。または、箸をくわえたまま手で食器を持つことも禁忌です。

⑪なぶり箸（舐め箸）

箸に付いた食べ物を口でなめて取ること。

⑫せせり箸

爪楊枝の代わりに、箸先で歯の間を掃除すること。または、箸で食物をつつきまわすこと。

⑬握り箸

2本の箸を片手で握って食べること。食事途中でのこの行為は、攻撃を意味します。

⑭洗い箸

汁物や飲み物のコップなどで箸先を洗うこと。

⑮掻き箸

食器の縁に口を当てて、食べ物を箸でかきこむこと。または、箸で頭などを掻くこと。

☕ column　食事が終わったあとの箸マナー

　食事が終わったら、箸置きにきちんと揃えて置きますが、問題は箸置きがない場合です。その際は食器には置かずに、折敷の隅に置きましょう。

　割り箸の場合は、箸袋を折って箸置きを作ります。食事が終わったら、そのままの状態で膳に置かずに、箸袋で作った箸置きに入れて、袋の端を下側に折り込むことで、食事が終わったサインを示すことができます。

フードアナリストなら所有したい「MY箸」

現在、日本フードアナリスト協会では「世界にひとつしかないMY箸作り」というテーマで、自分だけのお箸を作成する講座を定期的に開催しています。自分だけの箸を作ることで、食に対する受け止め方が変わってきます。

世界にひとつしかないMY箸作り講座

　MY箸作り講座では、のこぎりを使って自分の手の大きさに適した長さに切り、やすりで研磨し、マジックインキなどを使い自分でデザインを考えたり自分で好きな色を塗ったりするのですが、箸の歴史やマナー、正しい箸の使い方なども学べ

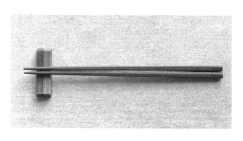

る講座は、いつも大人気です。箸作りの最後には補強材料に漆を使い、できたものをいったん預かり、専門の業者にて仕上げるという、とても本格的なもの。**自分の手の大きさに合わせたお箸は、一生の宝物になる**と評判です。

　子ども向け（幼稚園児、小学校児童向け）やビジネス向けにもアレンジして講座を開いています。大人の方たちからはこぞって、「MY箸で食べる食事は格段に美味しい」という感想が届いています。

　そもそも「MY箸作り」は数年前、森林資源の保全とCO$_2$の発生抑制のために、割り箸の使用量を減らそうという環境運動によって立ち上がりました。しかし、割り箸は使い捨てずにリサイクルで活用していることも多いため、一概に割り箸のすべてを否定しない意見も多く、やがてそのブームは過ぎ去りました。

　ただ、最近の感染症や衛生事情が相まって、再び「MY箸」を持ち歩く人が増えてきていると聞きます。

　世界でたったひとつの自分だけの箸は毎日使うことで愛情が増していきます。また外食時でも、持ち歩いてみることもおすすめです。

MY箸を作る際のポイント

　お箸を作る時のポイントは、自分の持ち手の「太さ」を基準に、好みで「形」を選択します。

形

四角…しっかり安定する

八角…ほどよく安定する

丸削り…手なじみがよい

太さ

細め…小さめの手の人に

太め…大きめの手の人に

長さ

　一番使いやすい箸の長さは、一咫半とされています。「一咫」とは、親指と人差し指を90度に広げた時の長さですから、「一咫半」は、その1.5倍。これが自分にとって使いやすいお箸の長さといわれています。

　また、お箸の長さは大事ですが、「持ち心地」も重要だとされています。一咫半という長さがその持ち心地にも関係してくるのです。

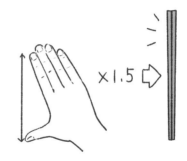

×1.5

☕ column　MY箸を購入する際のポイント

　MY箸をお店で買う時は、箸専門店がおすすめです。最近では百貨店などにも箸専門店は出店しています。材質、色、用途、長さ、太さなど多種多様な箸が売られていて知的好奇心をそそられます。

　箸はネットで購入するより、実際手に取って選ぶほうがしっくりきます。店員さんも箸の知識が豊富ですので、相談してみるのもいいでしょう。何十年と使うものですから妥協せず、自分が本当に気に入って、しっくりとくる箸を購入しましょう。

　お箸を選ぶ時のポイントは、材質、用途、長さ、太さ、形、デザインなどがあります。自分の持ち手の「太さ」を基準に、好みで「形」を選択します。

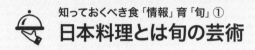

日本料理とは旬の芸術

料理は国の数だけ存在するといわれております。その国の歴史や文化、国民の考え方や習慣が料理に反映され、各々の特徴を持っています。ここでは、日本の料理やこれからの日本の外食産業について紹介いたします。

日本の風土、気候、環境が日本料理を作った

　日本人は昔から食材の旬を大切にしてきました。その理由は、もちろん旬の味が美味しいこともありますが、それだけではありません。**旬の食物は栄養価が高く、その時期に食べることで、その時期の身体に必要な栄養素をとることができるからです。**

　例えば、夏に食べるスイカは水分量が多く、身体を冷やして熱中症を防ぐといわれています。このように時期ごとの旬の食材を食すことで、必要な栄養素を取り込んで健康的な生活を送れるということを、昔から日本人は知っていました。

　日本は四季の変化が大きく、水資源が豊かにあったため、主食となるお米を基本に農耕が発達しました。他にも日本は果物や海産物に恵まれていますが、緑豊かで海に囲まれた日本ゆえの環境下から、植物性食品を中心に食物が発達してきました。湿度の高いことを利用して発酵調味料である味噌や醤油を造りながら、日本独特の料理を生み出したことも、日本の食の発展です。

　このような恵みの特性から、**四季折々の旬の食材を使った日本料理は、まさに芸術であり、「日本料理とはすなわち旬の芸術」**ともいわれています。

　かつて阿部孤柳先生がこんなお話をしていました。

「横井君、あそこの柿の木に柿がなっているだろ。日本料理とは、あの柿の実を毎日毎日木の下まで行って見ることから始まる。柿の木の下まで行って、なっている柿を毎日、見るんだ。毎日柿の実を見ていると、必ず「今日だ！」という日がくる。柿を食べるべき日のことだ。『今日だ！』と思ったその日は、その木の下に椅子を持ってきて、朝からずーっと座っていることだ。そしてあの柿と、ずーっとずーっと睨めっこするんだ。不思議なことに、柿をずーっと睨んでいると、『今だ！』という瞬間がわかる。その瞬間に柿をもぎ取って、がぶっと食べる、それが日本料理の真髄である」

　要するに私たちが長年大切にしてきた日本料理・和食の神髄とは、「一瞬の旬を食らうこと」なのだというのです。

和食と日本料理の違いとは

　図は日本食と和食、日本料理の違いについてわか
りやすく示したものです。

　日本食：日本で食べられている食はほとんどが日本
食です。カップラーメン、レトルトカレー、カツレツや
ハンバーグなどの洋食も、日本食に入ります。日本で
なじみのある食材を使った料理、日本の国土や風土
の中で発展してきた料理です。

　和食：日本食の中で、四季の移り変わりを料理の中に取り込み、地域独特の宗教観、お
正月やお盆、祭りなどの年中行事の中で生まれた食を「和食」と呼びます。ユネスコ無形
文化遺産に登録されたのは「和食」です。和食とは日本食に日本人の食文化を加えたもの
です。和食とは家庭料理の事を指します。

　日本料理：日本料理とは、和食に高度な技術やノウハウと知識を加えたものとされていま
す。家庭でも料理自慢の旦那様や奥様ならば日本料理を作りますが、通常日本料理とは、
料亭や日本料理店の料理を指します。

☕ column　「汁」と「吸い物」の違いとは

「日本料理の主食は『ご飯』か『お酒』であり、他のすべては『おかず』の料理である」
「汁はご飯のおかず、吸い物は酒のおかずなり」

　これは故阿部孤柳先生の言葉です。

　「汁」と「吸い物」の違いに言及するには、まず「惣菜」と「おかず」の違いを説明しなくてはい
けません。日本料理や和食は、「ご飯」「お酒」という主食があり、すべての料理は「おかず」と
して成立しています。ご飯のおかずを「惣菜」といい、酒のおかずのことを肴（酒菜）と呼びます。
日本はフランス料理のような一品ずつのコースでは食べず、ご飯と一緒におかず、そして味噌汁
を並べて、交互に食べる習慣があります。そういった意味で、わかめの味噌汁や豚汁などは惣菜、
つまりご飯のおかずです。

　一方、お酒の肴（酒菜）として出す椀が「吸い物」です。懐石料理では、料理の最後に「小吸い物」
という箸洗い的なものとして供されることもあります。特徴としては、汁が透き通っており、お酒
と一緒に肴（酒菜）として提供される吸い物料理のことを指します。お酒の肴（酒菜）ですので、
ご飯のおかずである「汁」よりは出汁が効いて旨味があり、繊細な味わいです。

四季は春・夏・秋・冬の4つの季節のことですが、世界中の多くの国々で存在している自然現象でもあります。この四季の恵みは食文化に大きな影響を及ぼしますが、あまりに日常のため、そのありがたさを見失いがちです。

四季を人生に置き換えて考える

「人生に四季あり」ということわざを聞いたことがあるでしょう。これは中国の五行説からくることわざで、人の人生を4つの四季に例えていますが、それぞれの季節に色を配して、**「青春」「朱夏」「白秋」「玄冬」**に分けています。これを、「四季に四旬あり」といいます。

日本人の平均寿命で分類すると、「青春」は16～30代前半。「朱夏」は30代前半～50代後半。「白秋」は50代前半～60代前半。「玄冬」は60代後半以降となります。

有名な吉田松陰の言葉、人生の四季について紹介しましょう（右ページ）。

松陰が安政の大獄に連座して、亡くなる前日にこれを記しました。まだ30歳の若さです。それなのに

吉田松陰（よしだ しょういん）
長州藩士。山鹿流兵学師範。明治維新の精神的指導者・理論者・倒幕論者。私塾「松下村塾」では多くの若者に思想的影響を与えた。安政の大獄に連座し、1859年11月21日逝去。享年30。

松陰は、「30歳の自分にも十分に四季があったこと、だから私は幸せだった」ということを書き記しています。季節が巡るのは誰にでも平等に訪れる、それは80歳の老人もそうだし、10歳の子どもも同じです。生きとし生けるものみんなが四季を経験し、その四季の中には青春もあるのです。また10歳で消える命も、100歳まで生きながらえる命にも等しく「春夏秋冬」がある、という意味のことを松陰は言っています。

同じように食材にも命があり、四季があり四旬があることを念頭に置くことで、旬を食すことのありがたさがさらに身に沁みるのだと思います。

吉田松陰の松陰語録より（引用）

もうすぐこの世を去るというのに、
こんなにおだやかな気持ちでいられるのは、
春夏秋冬、四季の移り変わりのことを考えていたからです。

春に種をまいて、夏に苗を植え、
秋に刈り取り、冬がくれば貯蔵する。
春と夏にがんばった分、
秋がくるとの農民は酒をつくって、
なんなら甘酒なんかもつくって、
収穫を祝い、どの村でも歓喜の声があふれます。
収穫期がやってきて、
きつい仕事がようやく終わった。
そんなときに、悲しみ人なんていないでしょう。

私は三十歳で人生を終えようとしています。
いまだ、なにひとつできたことはありません。
このまま死ぬのは惜しいです。
がんばって働いたけれど、
なにも花を咲かせず、実をつけなかった。

ですが、私自身のことを考えれば、
やっぱり実りを迎える時期がきたと思うんです。

農業は1年で一回りしますが、
人の寿命というものは決まっていません。
その人にふさわしい春夏秋冬みたいなものが、
あるような気がするんです。
百歳で死ぬ人は百歳なりの四季が、
三十歳で死ぬ人は三十歳なりの四季があるということ。
つまり、三十歳で短すぎるというなら、
夏の蟬と比べて、ご神木寿命が長すぎる
というのと似たようなものじゃないかと思います。

私は三十歳で、四季を終えました。
私の実りが熟れた実なのか、
モミガラなのかはわかりません。
ですが、もしあなたたちの中に、
私のささやかな志を受け継いでやろう
という気概のある方がいたら、
これほどうれしいことはありません。
いつか皆で収穫を祝いましょう。

その光景を夢に見ながら、私はもういくことにします。

4つの旬

四季のある日本ではその季節に合った食材を大切にする文化があり、それを「旬」と呼びます。さらに旬は4つに分かれます。旬の時期には、味が美味しくなるだけでなく、含まれる大切な栄養素の量もぐっと増えます。

旬の中でも微妙な違いを楽しむ

「旬」には、順番に「走り」「旬」「盛り」「名残」という4つがあります。

「走り」とはその季節に初めて出まわるもの、いわゆる初物のことです。旬の食材の中でも日本料理において特に喜ばれるのが、「初物」と呼ばれています。初物は、その年に初めて採れた食材のことで、生産者は収穫に感謝して神様にお供えします。料亭や日本料理店で「鮎の走りでございます」「フキノトウの走りが手に入りましたので」といわれるとお客さんは大喜びです。

「走り」の次にくるのが「旬」です。旬の中の旬です。走りのころより出荷量が多く、市場にたくさん出回り始める時期です。比較的若く、爽やかで最も食材が美味しい時期です。

「旬」のあとにくるのが、「盛り」です。「盛り」は言葉の通り、食材の生命が熱く燃えたぎったギラギラとした季節です。適度に熟し味が濃くなる時期です。

その「盛り」が過ぎ、もうそろそろ終わりになる食材を惜しむのが「名残」。去りゆく季節を惜しみつつ、来年また出会えることを心待ちにして、「名残」の食材をいただきます。

さらに厳密にいうと、「旬」の少し前に「出旬」、「盛り」の少し前に、「出盛り」があるのですが、その季節が訪れて盛りを迎え、そして去っていくまでの移ろいは、ほんの少しずつであるけれど、貴重な変化があると日本料理では考えます。そのことを感じながらすべての「旬」を楽しむことが、人生を楽しむことにつながるのだと考えます。その食材の美味しさを味わうならば、やはりど真ん中の「旬」が一番と思われがちですが、「走り」「盛り」「名残」のそれぞれに違った味わいがあるのです。

●4つの旬

走り ➡ 旬 ➡ 盛り ➡ 名残

●「四季の歌」の替え歌で学ぶ旬の食材

1.	春は、たけのこ、イチゴ、キャベツ、カリフラワー、サヨリ、マダイ、ヤリイカ、わかめ、ハマグリ
2.	夏は、枝豆、キュウリ、トマト、ナス、ピーマン、アナゴ、スズキ、しまあじ、おこぜ、クロダイ
3.	秋は、マツタケ、ニンジン、柿、栗、サツマイモ、ウナギ、サンマ、ボタンエビ、ししゃも、とり貝
4.	冬は、白菜、ほうれん草、ごぼう、ねぎ、ミカン、マグロ、マダコ、ズワイガニ、アンコウ、ワカサギ

四季の歌

はるはたけのこいちご
なつはえだまめきゅうり
あきはまつたけにんじん
ふゆははくさいほうれんそう

きゃべつかりふらわーん　　　さよりますだいやりいか
とまとなすぴーまーん　　　　あなごすずきしまあじ
かきくりさつまいもん　　　　うなぎさんまぼたんえび
ごぼうねぎみかん　　　　　　まぐろまだこずわいがに

わかめはまぐりー
おこぜくろだいー
ししゃもとりがいー
あんこうわかさぎー

☕ column　ジャパン・フード・セレクション

　日本フードアナリスト協会では、「ジャパン・フード・セレクション」という食品認証制度を持っており、毎月、応募商品に対して認証を行っています。

　日本人の繊細な味覚、嗜好性、感性、食文化は世界でもトップクラス。そんな繊細で美しい日本の食文化に配慮した食の認証制度として、2013年10月に創設されました。

　「ジャパン・フード・セレクション」は日本フードアナリスト協会が独自に生み出した総合認証制度で、ベルギーに本部のある国際品評団体「モンドセレクション」とは一線を画したものです。

　第1に、食品・飲料専門の評価認証制度です。掃除機やシェーバーなどは出品できません。食品や飲料でもカプセルに入ったサプリメントのような風味のないものも不可。第2に、認証まで7段階の審査体制を公開している点。①書類審査、②アンケート調査（フードアナリスト2万2000人に対して調査）、③1次審査、④2次審査、⑤最終審査、⑥本審査、⑦認証と7つの審査段階を必ず経て。最後に、倫理観を持った中立公正なフードアナリストによって審査される点です。

　商品審査については、①内部的要因、②外部的要因、③マーケティング要因、④マネジメント要因、⑤安全性要因、⑥ブランディング要因などを中心に、100のチェック項目について評価します。味覚や後味だけではなく、視覚、聴覚、触覚や嗅覚などの五感をはじめ、ニュース性、USP、ネーミング、ストーリー性、市場要因、安全性、マネジメント上での要因など多岐にわたるチェック項目が設けられています。このチェック項目に商品種類、販売形態などを考慮して、それぞれの商品の傾斜配点パターンを配分し、最終的な審査結果を決定します。

　チェック項目の審査結果については、責任審査員が商品の出品企業に対して条件付き（内容については守秘義務）でお伝えしますので、自社商品の市場・消費者における評価や問題点、改善点の参考にすることができます。

　賞としては、グランプリ、金賞、銀賞、銅賞、協会賞奨励賞の5つがあり、2021年（令和3年）2月現在で、すでに40回を数えています。2020年のはじめ、キリンビール株式会社の「本麒麟」が金賞を受賞し、テレビCMで繰り返し放送され、話題になりました。

★グランプリ受賞商品（7年3カ月間で6商品のみ）
甘熟王ゴールドプレミアムバナナ（株式会社スミフルジャパン・2014年、2017年、2020年）、山崎の水（発砲）（サントリー食品インターナショナル株式会社・2018年）、和豚もちぶたバラ（グローバルピッグファーム・2019年）、丹念仕込み本場さぬきうどん（テーブルマーク株式会社・2020年）、純和鶏もも肉（株式会社ニチレイフレッシュ・2020年）、カレーZEPPIN中辛（江崎グリコ・2021年）

★主な金賞受賞商品（株式会社略）
ふんわり名人きなこ餅（越後製菓）、超特選蒲鉾 古今（鈴廣かまぼこ）、月うさぎナチュラル（梅乃宿酒造）、かに親分たらばがに肩脚（エバーイノベーションジャパン）、富士オイスター極（富士食品工業）、金筋トマトジュース（曽我農園）、とろとろ半熟ゆでたまご かつおだし風味（JA全農たまご）、ほたるいか魚醤（大徳醤油）、生ミルキー（不二家）、キリン：ザ・ストロングレモンサワー（キリンビール）、他多数。

第9章

フードアナリストとして
自立する

フードアナリストの3つの自立とは

日本フードアナリスト協会では、「3つの自立」を提唱しています。通常、「自立」という概念は、「身体障碍者や若者の〜」といった形容詞がつく場合が多いですが、協会として考えるフードアナリストとしての自立について述べていきたいと思います。

経済的、精神的、社会的自立を目指す

①経済的自立

　経済的な自立がすべての自立のスタートです。経済的に自立をしていないと、精神的な自立も社会的な自立も困難です。豊かである必要はありません。家族を含めてきちんと自分の稼ぎだけで食べていける生活基盤が必要です。まずはフードアナリストとしての仕事だけで経済的に自立ができるように、仕事に挑戦して、自らをブランディングして、付加価値を高めることが大切です。

●フードアナリストの自立

　フードアナリストは資格だけでなく、職業としても自立できることが目標です。協会では職業とは、**「年収600万円をフードアナリストとしての仕事だけで稼げるようになること」**を規定しています。

　そして職業フードアナリストが3000人を超えることが、協会としての目標としています。

「フードアナリストとしての仕事で経済的な自立ができる」

　それが第一の目標です。

②精神的自立

　経済的な自立ができるようになれば、次は「精神的自立」です。自分で生活ができるように稼げるのが「経済的自立」なら、誰かに依存しないで生きていくことができる自立を、「精神的自立」といいます。

「精神的自立」とは精神的にも誰かに頼らず依存しないで生きていくことができる内面的な自立です。親離れ、子離れ、旦那離れ、奥様離れ、恋人離れ、師匠離れ……なども精神的自立です。人間は依存していたいという願望があります。精神的自立をしても、別れるとか仲が悪くなるわけではありません。お互いを自立した人格として尊重しながら、自分の個

性も主張できる精神性、それが精神的自立です。

　自立した精神に必要な考え方は、**「自分の人生は自分のものである」**という思考です。

　精神的に自立できていない人は、「こんなことをしたら嫌われるかも」「あの人はこうした
ほうが喜ぶ」と周りの人の機嫌を考えてばかりいる人です。何かを決める時も、周囲の意見
の通り決めてしまう癖がついてしまっているのです。もちろん、他人を尊重することは大切
なことです。しかし、他人は誰も、あなたの人生の責任をとってくれません。

　自分の人生においては自分が主人公だと考えれば、自分が立てた目標も自分自身だけの
ものだと理解でき、「自分に責任を持った行動」ができるようになります。

　また、他人があなたの責任をすべて取れないように、あなたも周りの誰の人生に対して
責任を取れません。自分の子どもであっても、仲がよい存在の人でも、全責任など取れるわ
けがありません。それぞれが独立した人格なのです。だからこそ、誤解や嫉妬が起こります。

　周囲の人を自分とは全然違う存在だと認めるから、他人を尊重でき、自分のことも尊重で
きるようになります。

③社会的自立

　経済的にも自立でき、精神的にも自立ができたら、最後は社会的自立です。

　仕事をして経済的にも自立をして、誰かに依存することもない精神的自立を果たしたあと、
今度は社会の中で「生かされている」自分を認識して、**社会に能動的、積極的に参画**をして
いくことを、協会では「社会的自立」と呼んでいます。

　具体的には、お金にはならなくとも自分のフードアナリストとしての能力を使って、公共
の役に立つ活動や、困っている人を助ける行動が自然にできることが社会的自立です。

　フードアナリストとして、食を通してこの世界を元気にする、明るくする、勇気づける、
行動です。社会的自立とは、恩着せがましくなく、自然と社会貢献ができることです。

　協会の基本理念には次の4つがあります。

①地方の目立たないレストラン、名産品、食材などに光を当てます。

②情報発信を通じて日本の食・文化についての理解を促します。

③公正で隔たりのない情報発信によって食の業界を活性化します。

④美食ではなく、敬食の精神（尊命敬食）の啓発を目的とします。

　身につけた知識、技術、ノウハウを活かして社会のための活動、食を通じて世界を元気に
する活動を行うことが、職業人フードアナリストとしての最終的な使命です。

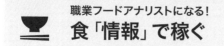

食「情報」で稼ぐ

日本フードアナリスト協会では「職業フードアナリスト」を推奨しています。職業フードアナリストとは、フードアナリストを職業としている人。職業としてフードアナリストで稼いで生活をしている人を指します。

情報が職業になる時代に

　産業革命とは動力革命でした。人力から蒸気機関、そして火力、原子力と動力が画期的に変わり、一番発達して現在も全産業の頂点に立っているのは自動車業界です。道路を作る、橋やトンネルを作るといった業種がハード面だとすれば、自動車は道路の上を走り、1人ひとりが買って乗るソフトだと考えられます。

　1995年以降、IT革命が起こっています。IT革命とは情報革命です。Wi-Fiやパソコン、iPhoneやスマートフォンなどのハード面がどんどん発達して注目されていますが、ソフトは間違いなくWi-Fiや、パソコン、iPhone、スマートフォンなどで流れる「情報」です。

　現在、インターネットプラットフォームを抑えたGAFA（ガーファ）が世界を席巻しています。GAFAとは、米国の主要IT企業であるグーグル（Google）、アマゾン（Amazon）、フェイスブック（Facebook）、アップル（Apple）の4社の総称です。

　GAFAの特徴は、圧倒的なデータ量、すなわち情報量です。そのほとんど情報の発信者は世界中の個人です。個人による情報発信です。今後ますます参加者が増え、情報があふれ、有益な情報もある一方、売らんがための情報も、フェイクニュースも大量に排出され、その中で選別された適正な情報はますます貴重で高価なものになるはずです。

　YouTuberが稼げる職業として注目され、再生数を稼ぐために迷惑行為を繰り返す輩まで出現。一部のYouTuberの収入が話題になりました。

　YouTuberをはじめ、ネット上のプレーヤーであるインスタグラマーやパワーブロガー、ライブ配信アプリなどの消費者サイドからの情報発信は今後大きく発展していくはずです。

　そして情報の中で最も最も有望なのが、やはり「食の情報」です。

　食の情報発信で稼ぐ手段は、ミステリーショッパー、フードライター、パワーブロガー、テレフォンショッピングゲスト、コンサルタント、ネット情報収入、YouTuber、ライブ配信など、ここ20年ほどで一気に増えてきました。今後もますますこの傾向は強まっていくはずです。食の情報のニーズは、ますます高まり、食の情報発信で稼ぐ人たちは珍しい存在ではなくなります。

年間収入600万円のフードアナリストも増え始めている

　協会では職業であるかどうかの目安を、売上で年間600万円と定めています。

　もちろん個人事業としての売上が600万円ですので、事務所経費（自宅の一部を個人事業として賃貸借契約を結ぶ）、パソコン代金、水道光熱費、電話代、携帯端末の通信料、手紙やはがきの通信料、旅費交通費、会議費や消耗品費などの経費を差し引くことができますので、実際の納税する際の所得はもっと少なくなります。

　ただ協会では、**年間600万円、月収にすると50万円というのが、職業としてのフードアナリストの収入のひとつの目安**としています。

　年間で収入が600万円あれば、経済的に自立は可能です。

　協会では、フードアナリストの収入だけで年間600万円収入がある方を、3000人まで増やすことを第一目標にあげています。

　実際、推定ですが、年間収入600万円を超えるフードアナリストも増えてきています。

　その点から見ても、フードアナリストとして収入を得る仕事や活躍の場が間違いなく広がってきているといえます。

☕ **column　フードアナリストの資格者の声③──食品商社**

世間の評価が一変
伊藤忠食品株式会社　戸来悟さん

　「総合卸商社に勤務して外食企業を担当しています。食品の売り込みはもちろん「メニュー・商品企画開発」もルーティンワーク。フードアナリストを取得し、名刺に「フードアナリスト」と記載してからは、クライアントさんは私をプロとして見てくれるようになり、商品提案を受け入れてくれやすくなりました。明らかに世間の評価が変わりました。今では「フードアナリストとしての意見が聞きたい」と私の提案を素直に受け入れてもらえる機会が増えました。営業活動の視野も広がり、もっとフードアナリストの人脈を広げてフードアナリストにしかできない営業や商品ができれば、と考えています。

覆面調査員「ミステリーショッパー」

ミステリーショッパーは、客としてお店を利用し、調査する仕事。調査レポートは店舗運営の関係者が店舗改善（顧客満足を高める）に使う資料として活用されます。店舗で何が起こっていて、お客様は何を感じているか、具体的な改善・提案を行います。

ミステリーショッパーの業務内容と報酬

ミステリーショッパーとは営業中の飲食店や小売店などで、客に扮して顧客満足度を点検する覆面調査員のこと、もしくはその調査そのものを指す場合もあります。

一般客として飲食店舗を利用し、**クオリティ（品質）、サービス（接客）、クレンリネス（清掃）、アトモスフィア（環境）を詳細にチェックします。**

ミステリーショッパーは一般客として入店するため、関係上司（オーナー・チェーン店本部スタッフ）などがいない、素の店舗運営状態を見ることができます。そのため、サービスやホスピタリティにこだわっているお店は必ず利用しています。会社内部の社員に頼むと、知り合いの社員に甘くなるなど慣れあいが生じるため、日本フードアナリスト協会のような外部団体に依頼することが多いようです。ミステリーショッパーは、誰にでも依頼してよいものではありません。

「トイレが1つしかないので2つにしてほしい」

「最寄り駅から歩いて20分もかかるので、もっと駅近の場所にしたほうがいい」

といったような無責任な評価を下すミステリーショッパーも大勢います。

ミステリーショッパーで成果を上げるには、ミステリーショッパーの質が大切です。

協会では、フードアナリスト資格者を対象に「ミステリーショッパー研修会」を随時開催しています。月曜日〜金曜日の平日のいずれかで、19時〜21時の2時間の研修を受講します。内容はミステリーショッパーレポートの書き方が中心ですが、1度受講しただけでも、レポートの書き方や考え方、コツがわかるようになっています。

受講していただいた方には「ミステリーショッパー研修修了証（基礎編）」が授与され、協会へ依頼のあったミステリーショッパーの仕事をお願いしています。

ミステリーショッパーの報酬としては、2人分の料理と1ドリンクのお金プラスアルファ3000円〜2万円程度のレポート料金が出るだけで決して多くはありませんが、調査項目は店舗側が指定してくるため、店舗運営についてのリアルな勉強になります。

調査項目を覚えておけば、レストランのコンサルティングやアドバイザーを頼まれた時、

最低限チェックすべきポイントがわかります。

　フードアナリストは消費者サイドの視点からレストランのコンサルティングをするため、ミステリーショッパーの視点はとても大切です。

　フードアナリストとしての自己研鑽のためにも、何度か経験しておくべき仕事だと考えます。

●ミステリーショッパーの店舗での調査のポイント

①店舗前清掃状態	確認箇所：入口付近の公共道路（通路）、看板、メニューボード、マット、扉、ガラス窓など
②店舗外設備メンテナンス状態	確認箇所：看板電球・店外スポットライト・メニューボードの色褪せなど
③出迎え時	入店した時に「いらっしゃいませ」と挨拶があり、スムーズに案内できたか
④着席時	メニューを渡すタイミングは適正だったか
⑤ファーストオーダー時	オーダーを取りにくるタイミング、態度など
⑥商品提供	料理・飲み物は丁寧に提供されたか、提供のタイミングは適正だったか、など
⑦商品	価格相応か、温度（熱い、冷たい）、ボリュームなど
⑧店舗内清掃状態	特にトイレは定期的な清掃ができているか（トイレには2度行く）
⑨店舗内設備メンテナンス状態	空調や換気など
⑩会計（レジ・テーブルチェック）	現金やレシート（領収書）の受け渡しなど
⑫見送り	「ありがとうございました」の挨拶、また来たいと思うことができたか、など

☕ column　まずはマイクロインフルエンサーを目指せ

　状況は刻刻と変わりますが、2020年2月現在の相場で、Instagram、TwitterなどのSNSにおいてフォロワー数が1万人を超えると、「パワーインフルエンサー」と呼ばれ、月10万円以上の収入が発生するといわれています。ただし最近では、その傾向に陰りが出ているようです。例えばアイドル系の女の子がおじさんや若い男性のファンのフォロワー10万人にいるより、フォロワー3000人しかいない「食のトレンドリーダー」や、小籠包専門、または激辛専門のような「食の専門分野に強いインスタグラマー」のほうが商品購買や集客に影響力が強いということがわかってきました。このようにフォロワー数が少なくても影響力の強いインフルエンサーを、「マイクロインフルエンサー」と呼びます。フードアナリストはInstagramやTwitter、ブログなどで、フォロワー数1万人を超える人も珍しくありませんが、これからSNSを始める人は、まずは「マイクロインフルエンサー」を目指してください。自分が本当に好きな分野を専門分野に選んで、丁寧に誠実に情報発信をしてフォロワーとの信頼関係を築き、フォロワー数を増やしていくところがスタートです。

食関係の本を出版する「フードライター」

フードアナリストとして自らをブランディングする大きな方法が「本を出版する」です。インターネットが発達により出版大不況が続いていますが、本が売れない時代だからこそ、きちんとした本を執筆することは大きなアドバンテージになります。

ジャンルを絞って専門家になる

　出版には誰でもお金さえ出せば出版できる自費出版と、出版社が出版に関わる費用をすべて負担する商業出版がありますが、できれば自分でお金を持ち出さない商業出版で本を出したいものです。なぜなら、書店に並ぶほとんどの書籍が商業出版だから。

　商業出版の目的はやはり営利ですので、出版社が「売れる」と思ってくれないと出版に至らない場合が多いです。売れない本は出版されません。ただし、現在は食に関する本はあくまでも他のジャンルの本に比べて売れているため、本を出版するチャンスはあります。

　できれば、スタート時点では「フードなら何でも」のフードアナリストよりは、一定のジャンルに絞って勝負をしたほうが目立ちやすいですし、本も出版しやすくなります。

　例えば、「食べ物全般のフードアナリスト」と名乗るよりは、「イタリア料理専門のフードアナリスト」がいいですし、「イタリア料理専門のフードアナリスト」よりも「パスタ専門のフードアナリスト」のほうがインパクトあります。さらに「パスタ専門のフードアナリスト」よりは「カルボナーラ専門のフードアナリスト」であれば、さらによいです。

　このように、できればジャンルは絞ってください。他の人がやっていないジャンルであればあるほど需要があります。「小籠包専門」「うなぎ料理専門」「すき焼き専門」「秋田料理専門」「しいたけ専門」「レンコン専門」のように、絞れば絞るほど専門性が増します。**他に競合がいないため、独占状態になれます。**

　食の分野はたくさんありますし、食の資格もたくさんあります。フードアナリストという資格は名乗るには比較的インパクトがある資格ですが、フードアナリストも正会員でもう2万2000人を超え始めています。

他の専門家といかに差別化できるか

　フードアナリストの中でも競争があります。メディアで専門家として取り上げられる、本を出版するには、他の食の専門家やフードアナリストとの差別化を図ることが近道です。

　例えば「カルボナーラ専門のフードアナリスト」を名乗るなら当たり前ですが、カルボナーラについての専門知識が必要です。もちろん勉強をしていけば問題ありません。カルボナーラの起源、歴史から日本のカルボナーラの歴史や特徴、変遷、最近のカルボナーラの流行なども押さえておきたいところです。世界ではどこで同じような料理が食べられているかなどを文献や書籍、ネットなどを駆使して調べてください。

　そしてブログやInstagram、SNS、Twitterで「カルボナーラ専門チャンネル」を作って自分の言葉で綴ってください。そのブログにはカルボナーラのこと以外は投稿しません。できれば、写真や動画入りであればさらにベターです。

　調べた内容に諸説がある場合は、諸説についてもできるだけ丁寧に説明してください。大体、食文化にかかわる起源や歴史は諸説があるのが普通です。

　カルボナーラの情報発信のツールを1つ以上作ったら、あとは食べ歩きです。まずは自分の住んでいる街のイタリアンレストランを制覇です。できれば1時間以内で行けるところからスタートし、北海道・旭川に美味しいカルボナーラがあると聞けば行って味わい、鹿児島に変わったカルボナーラがあると聞けば行ってレポートする、というように日本全国をまたにかけて、食べ歩きを繰り返します。

　先輩フードアナリストは、食パンや小籠包、ジェラートを食べるためだけに旅行に行く人もいます。小籠包専門のフードアナリストは、一時期、毎週のように台湾に行っていると報告してくれた方もいました。ジェラートを食べ歩くために、クラウドファンディングで資金を集めてイタリアに行った人もいます。

　食べ歩きレポートは写真付きでブログ（InstagramやSNS）に投稿します。写真はできれば5枚以上、動画が1つあれば、さらにベターです。写真にはカルボナーラの写真だけでなく、店内（写っている人物は特定できないように）や外観なども撮影します。写真のニーズは多いですから、1つのブログに20枚以上投稿している人もいます。

　本当に好きな食べ物を1つ選んで、まずはその食べ物専門のフードアナリストを目指します。他に競争相手がいないジャンルであれば、1年もすれば圧倒的な専門家になれます。

　圧倒的な専門家になることができれば、本の出版に一歩近づきます。積極的にメディア露出を増やしながら、本を出す機会を伺います。

　本は1冊書いたら出版記念パーティを開き、2冊書いたら「専門家」、3冊書いたら「先生」と呼ばれます。ブランディング効果は抜群で、メディア露出や講演、コンサルティング依頼も増えますので、挑戦してみてください。相乗効果でメディアでの記事執筆依頼も増えます。

フードアナリスト講座の講師や講演講師

フードアナリストとして収入を得るには、日本フードアナリスト協会の講師になるという方法もあります。講師として人に教えるために、知識や経験が必要となりますが、そこから講演依頼につながるなど広がりが期待できます。

日本フードアナリスト講師になるには

協会では、2級取得者から希望者を募って「講師養成アカデミー」を年2回ぐらいのペースで開催しています。

日程は土曜日と日曜日の2日間と短期間ですが、非常にハードなアカデミーです。フードアナリスト倫理規定や行動規範、有名ガイドブックのレストラン、差別用語と不快用語、講座の進め方、講師としての心構えや講座運営など盛りだくさんの内容を学びます。特に5分間の模擬講義用のパワーポイント作り（3テーマ）と5分間分の10秒単位のタイムスケジュールの作成が、その夜の課題として課せられますので、日曜日の朝はほとんどの受講生が準備に追われ、寝ないで迎えます。

筆記試験と模擬講義試験で一定の成績を修めた受講生は、「認定講師」になることができます。**2回目に実施される講師養成アカデミーを合格した認定講師は協会のルールにおいて、実習生を2回体験したあと、4級修習プログラムの全6コマの中の1コマをまず担当できる**ことになっています。

実習生とは、講座運営の補助をしながら後ろの席でスタートから最後の検定試験までを見学することを指します。

講師は、月に数回開催される協会主催のフードアナリスト4級修習プログラム（協会直営）、3級修習プログラム（協会直営）や、大学、短大、専門学校などの学校単位で開催されるフードアナリスト4級修習プログラム、3級修習プログラムに登壇します。大阪成蹊大学、純心学園大学、東京家政学院大学、久留米信愛短大のように、カリキュラムの中にフードアナリスト4級および3級を組み込んで「フードアナリスト概論」として通年講座を設けている大学・短大・専門学校も増えてきました。

講師からの講演依頼へと発展する場合も

大学・短大・専門学校においては、フードアナリスト4級修習プログラムで登壇したこと

をきっかけに、「郷土の食文化」「世界の食文化講座」「マナー講座」を通年の非常勤講師として教えている先生も数多くいます。

少子化の中、**大学・短大・専門学校も、楽しくわかりやすい講義ができる非常勤講師を探しています**ので、フードアナリストに大学などの教育機関で教えるチャンスは広がっています。

各種団体や地方自治体、企業、任意団体などから食に関するテーマの多くの講演が協会に依頼されます。食品メーカーや食品商社、生産者さんの団体のような食に関係する団体からだけではなく、自動車販売やコピー機販売、携帯機器販売の会社、銀行や保険会社などからの依頼もあります。

講演料は1万円から5万円ぐらいの場合が多いですが、テレビや雑誌、新聞などで露出が多い有名フードアナリストには2時間で20万円〜50万円というオファーがくることもあります。

講演講師は、フードアナリストにとっては歌手における「コンサート」に当たります。「本を出版する」は、歌手なら「CDを発売する」です。依頼さえいただけば、堅実に収入を得る方法です。

講演依頼がくるように自分をブランディングする、自分の付加価値を高める努力が大切です。

☕ column　日本フードアナリスト協会のさまざまな無料特別講座

日本フードアナリスト協会ではフードアナリスト資格者にプラスになるさまざまな講座を開講しています。多くは無料講座です。WEB配信講座もあり、地方在住の人も参加・聴講できます。賛助会員企業とのコラボ講座も多数開催しています。

「フードビジネス業界のための日本経済新聞・一般新聞の読み方と読むコツ」
「フードアナリストとして活躍するためのプロフィールの書き方講座」
「メディアに取り上げてもらえるプレスリリースの書き方講座」
「プロカメラマンによる料理写真の撮り方実践編」
「焙煎したての味と香りを存分に味わいながらのコーヒー蘊蓄講座」
「いまさら聞けない箸の使い方とマイ箸作りの講座」
「ミステリーショッパーのやり方とレポートの書き方研修会」（修了証授与講座）
「フードアナリストが知っておくべき最新のスイーツ事情」（最新スイーツ試食あり）
「有名グルメ雑誌編集長による「使いたいフードライター像」と人脈作りの講座」
この他にもたくさん開催しています。詳しくはHPもしくは協会までお問合せください。

コンサルティング

フードアナリストとして企業や店舗のコンサルティングをしている方も増えています。1級フードアナリストの方が多いですが、飲食店のコンサルティングや食品メーカーのコンサルティングなど、やり方によってはフードアナリストとしての大きな収入源となります。

コンサルタントに求められることとは

　コンサルタントと聞くとちょっと怪しげな感じはありますが、**フードアナリストのコンサルタントは「飲食店や食品メーカーの応援団」**という意味合いが大きいです。

　現在、数多く存在するフードアナリストのコンサルタント料は毎月数万円レベルのお手頃価格です。中には店舗プロデュース全体として請け負って、コンサル料は1カ月で300万円などというお話も聞いたことがあります。店舗設計からインテリア、什器、メニュー、オペレーションまで全部の総指揮を執ったという強者もいます。

　このような人はテレビや雑誌などによく登場するフードアナリスト1級所有者ですが、最終的には数百万円単位の仕事ができるようになる夢がある職業です。

　今回はまずは地道なコンサルティングを紹介します。

　フードアナリストのコンサルタントに求められているのは、料理やサービス指導ではありません。もちろん、飲食店オーナーや食品メーカーから依頼されれば受けることはありますが、多くの飲食店や食品メーカーが**フードアナリストに対して求めることは、「集客」「マーケティング」**です。特にブログやSNSで宣伝して集客、そして売上アップにつなげてほしいというニーズが多いようです。

　広告宣伝費予算が数億円以上ある大手企業以外のほとんどの中小企業、零細企業の飲食店や食品メーカーは、フードアナリストなどのコンサルタントに求めているのは以下の4つです。

①直接お客さんを連れてきてくれる

　コンサルタント自身が、ロータリークラブやライオンズクラブ、●●県出身の経営者会、異業種交流会などの主催や幹事をしており、コンサルティング先の店舗にて例会を開くといったパターン。月に数回以上、30名、50名、100名とお客さんを直接連れてきてくれるコンサルタントがいれば、店舗側としては利益の何割かは支払ってもいいと考えます。無条件に集客能力のあるコンサルタントは重宝がられます。

②テレビ番組で紹介されるようにする

　集客で一番効果があるのはメディア露出です。特にテレビで紹介されることが何よりの宣伝になりますし、お金がかからない宣伝でもあります。ただ、ひとことにテレビといってもNHKから民放キー局、そして地方局、BSやCS、インターネットテレビまでありますが、できれば地上波のテレビで紹介されるようにコンサルティングします。メニューや商品を開発して、「ニュース性」を付与してニュースにして、プレスリリースします。協会では、フードアナリストが商品開発したプレスリリースを1500のメディアにリリースする仕組みもあります。フードアナリストはプレスリリースを書く必要はありますが、基本的に無料で利用できます。

③ブログ、SNS、Instagramで宣伝して集客してくれる

　ほとんどのフードアナリストが、ブログ、SNS、Instagramで情報発信している中、自らの店舗や企業の宣伝を発信してくれることを、依頼主は期待しています。

　フォロワー数1万人以上のフードアナリストが、コンサルティングを依頼されやすいのはインスタグラマーとして稼げるくらいの発信力に期待しているからです。

　フードアナリストの真骨頂は「プレスリリースを書く」「イベント告知サイトへ投稿する」食べログやぐるなび、Yahoo!グルメなどのグルメサイトへの投稿する情報発信力です。もちろん食べログ評価などについては、サイトや協会の行動規範や倫理規定に従ってください。

④メニュー開発、商品開発、サービス向上コンサルティング

　飲食店のメニュー開発、サービス向上のコンサルティング、食品メーカーの商品開発、を依頼されるフードアナリストもいます。特にメニュー開発や商品開発については、特に「どのようなメニューや商品を開発するとテレビやメディアに取り上げてもらいやすいか?」を中心としたコンサルティングになる場合が多いようです。

　飲食店にも食品メーカーにも、メニュー開発や商品開発を担当している部署や人財が必ずいますので、プライドを傷つけないようにコミュニケーションを取りながら提案をすることが肝要です。コンサルティングするには相手の5倍の知識が必要といわれています。業界について業種について地域性について、マーケティング、トレンドなどについて十分な事前研究と予備知識を頭に入れるべく、努力が必要です。コンサルタント先との初めてのミーティングまでには、関連する本を5冊くらいは読破しておきたいものです。最初は付け焼刃で構いません。仕事をして何年かすれば付け焼刃ではなく本当の実力となります。

　コンサルティングといっても、今回紹介するのは毎月数十万円、数百万円をいただくコンサルティングではありません。本格的なコンサルタントから見たらプチ・マーケティングに当たるかもしれません。しかし、ゆくゆくは毎月数十万円いただけるコンサルタントになるとして、まずは小さな金額からのスタートを考えましょう。

　コンサルタントの仕事は「お客さんに儲けてもらうこと」。

　あなたがコンサルをすることでお客さんの利益が数百万増えるなら、毎月数十万円のコンサル料がいただけるはずです。しかし最初からもらえる場合はほとんどありません。フィー（コンサルティング料）は、お客さんの「利益」に対して比例します。利益を出してあげるコンサルタントを目指してください。スタートはプチ・コンサルで十分です。

　実際のフードアナリストがやっているプチ・コンサルティングの例を見てみましょう。

●イタリアンレストラン

平均客単価：5,000円、都心郊外駅前、客席数35席、個人オーナー店（3店舗のうちの1店舗）

①コンサルティング先：都内レストラン

②コンサルティング料：50,000円/月、交通費、諸経費は別途（事前了承が条件）

③月1回のミステリーショッパー（フードアナリスト・ミステリーショッパー）

④月に2回のミーティング（うち最低1回は決裁権者。プレスリリース用のキャンペーン企画及び新メニューなど）

⑤ブログ、Facebook、Instagram、Twitter、フードソーシャルテレビなど、最低5媒体に掲載。

⑥5つのグルメサイトにおいて必要に応じて告知・情報更新（メニュー変更、キャンペーン情報など）

⑦2カ月に1回、プレスリリースを作成・配信する（協会の契約している定額配信サイト、協会メルマガ55,000部、協会HP、個人ブログ、SNS、Instagram、Twitter、フードソーシャルテレビなど）

⑧月に1度のコンサルティング・レポート（月の最終ミーティング時に提出）

⑨オプション契約（別途費用）

A.テレビで紹介20,000円　雑誌・新聞10,000円　ラジオ5,000円

B.送客目標　最低20名/月　1人につき500円（主に宴会・パーティの送客、知人・知り合いの紹介）

C.InstagramやTwitter等のネット用の宣伝画像や宣伝動画制作　3000円から

D.接客、接遇サービス個別指導、社員教育

E.その他依頼については応相談

　以上のようなコンサルティングを10件抱えると、コンサルティング料だけで月50万円になります。半分の5件でも月25万円。コンサルティングは、基本契約以外のオプション契約もあります。また、例えば送客やメニューブック作成、看板や店舗デザインまで依頼される場合もあります。1店舗で成功したら2店舗、3店舗とチェーン店の依頼もきます。

　いずれにせよ、フードアナリストの最大の武器は、食の差別化に対する技術と知識です。差別化とはブランディングのことです。日本中のいろいろなお店を知っていて、実際食べ歩いているフードアナリストは、他のお店との違い、クライアントのお店の独自の特徴をしっかりと把握して提案できる点がアドバンテージになります。コンサルティング業務は、もちろん最初は副業で構いません。

　仕事はコンサルティングだけではありません。月に50万円がフードアナリストの仕事だけで稼げるようになるために、まず小さな一歩を始めてください。もちろん待っていて仕事はくるわけがありません。「やります！」「やらせてください！」という営業を続けてください。「やる気にまさる能力なし」です。断られても何度も何度も提案してください。「まずやる気ありき」です。

　いかがでしょうか。職業フードアナリストになるためにいかに稼ぐかについて書いてきました。この他にもブロガーイベントに参加、商品開発などのグループミーティング、アンケートに回答してフィーを得る仕事もあります。

　認定講師になったらフードアナリスト4級修習プログラムの1日コースを自主開催すればマージンバックがあります（フードアナリストは2級で認定資格を持っている人でないとマージンバックしません。フードアナリストの「志」や「内容」を知らずに、ねずみ講のように手数料を支払うことはしません）。

フードアナリストとして生きる

世の中にはさまざまな資格があります。そして資格取得こそが、収入を得るための大きな武器にもなっていました。しかし、現在では資格取得だけで安泰という時代ではありません。資格取得は単なるスタートで、さらなるスキルアップが必要なのです。

医師も弁護士も将来不安の時代

　資格で食べられる時代は終わりました。

　現在、持っているだけで一生安泰などという資格は、医師国家資格ぐらいではないでしょうか。その医師国家資格でさえ、今後、医療制度改革が進み、大学医学部医学科の増設が認められると医師不足が解消となる可能性があり、安泰かどうかわからなくなります。現在で見ても、日進月歩の医学界において最新知識のアップデートが必要です。医師免許取得したあとのたゆまぬ努力が必要となります。

　資格はたくさんあります。文系の最難関の資格は司法試験と公認会計士試験です。私のまわりにも弁護士や公認会計士はたくさんいますが、20年前、30年前に比べたら仕事が減っていると聞きます。もちろん小さな事務所の弁護士でも億単位の収入を得ている先生もいらっしゃいます。しかし、もはや大きな弁護士事務所や公認会計士事務所に属していない弁護士や公認会計士は安泰とはいえないでしょう。

　ネットが発達して、専門的な情報が共有化されたことで、専門知識が昔ほど貴重ではなくなってきました。判例を調べてクライアントに伝える弁護士ならば、AI（人工知能）が取って代わるといわれています。ネットを調べれば、法律のこと、会計のこと、ファイナンスのことなどたいていのことは無料で調べられます（もちろんある程度の情報リテラシーがないと情報に踊らされることになってしまいますが……）。

　弁護士会から紹介のあった仕事だけやっている弁護士もいます。

　かたや私の知っている行政書士は、年収1億円を超えています。その行政書士は、ベンチャービジネスの経営者会・交流会を立ち上げて世話人をやっています。参加資格は決裁権のある経営者とこれから起業したい方。ビジネス交流会で決裁権のある社長が集まったら、商談が進み、新しいビジネスも生まれます。

　その行政書士は、ビジネスに関係がありそうな社長同士を紹介し、引き合わせます。起業したい方には、起業する際に有用有益な経営者を紹介します。経営者は新しい仕事をスタートする時の契約書作成や補助金・助成金申請などをその行政書士に依頼します。起業

希望者は実際に会社を興す時に、ご縁をいただいたわけですので、必ずその行政書士に相談し、会社設立登記などの仕事の依頼もきます。その他にビジネスモデル相談のコンサルティング、投資関係から銀行紹介などのファイナンス、人事労務問題まであらゆる相談を受けています。

何よりも明るく元気で前向き、そして腰が低い人柄が人気で、彼のまわりにはいつもたくさんの経営者が集まっています。行政書士の資格をフルに利用してビジネスをやっているといったほうがよいでしょう。

ビジネスをやるならば、まず営業力が必要です。どのような資格においても、営業力が必要な時代です。待っているだけで仕事はくるわけがありません。

仕事は自分から獲得に行かなければいけないもの。これもこれからの時代の常識です。ふんぞり返って仕事が向こうからやってくるわけがありません。こちらから「お願いします」「仕事させてください」と出向いて営業をかけなければいけない時代です。

資格だけで一生安泰という時代は終わりました。

だからこそ、**資格は利用するもの。資格を使っていかに仕事ができるか、いかに人生を豊かにできるかが大切です。**

成長するフードアナリスト資格

フードアナリストの資格は2005年にできた、まだ新しい資格です。資格は資格として認識され、ブランド力を持つのには20年かかります。

だからこそ、**フードアナリストの資格は運営している事務局一同、「役に立つ資格」「稼げる資格」「世の中をよくする資格」を目指しています。**

大学生・短大生・専門学校生のために、各企業の人事担当者に一社一社個別に、協会スタッフが訪問して、フードアナリスト資格の意義や内容を説明しています。

「フードアナリストの資格を取るために労力とお金、時間がかかっています」

「フードアナリストを持っている学生は、食の業界に対してやる気がある真面目な学生です」

「フードアナリスト資格を持っている人を採用してください」

とお願いに回っています。

おかげさまで、大手食品メーカーや食品商社を中心に「フードアナリスト4級通信教育（4カ月修了）」「フードアナリスト3級（6カ月修了）」を社員教育に取り上げていただいている

企業も増えています。

　認知度も少しずつ上がっており、**フードアナリスト資格を持っている学生を採用する企業も増えています。**特に企業の人事部における認知度は、毎年着実に上がっています。

　日本フードアナリスト協会はフードアナリストを生業、もしくは副業にする人のためのフォロー体制もしっかりしています。フードアナリストは、この本で書いてきたように、インターネット時代に食の情報発信をするという新しい分野の資格ですから、きちんと真面目に営業をかけさえすれば、仕事はあります。実際、多くのフードアナリストが、フードアナリストとして仕事をして職業としています。

　協会では、フードアナリストとして仕事 ── **フードライターやミステリーショッパー、インフルエンサーイベントなどの仕事を紹介しています。**フリーで頑張っているフードアナリストには、人脈や販路を紹介するなどのフォローも行っています。協会としても、フードアナリストが活躍して輝いてほしいと考えているからです。協会には、フードアナリストを使って広報、宣伝、プロモーション活動のお手伝いをする会社、**フードアナリスト・プロモーションがあり**

●食関係の資格で転・就職に有利だと思われる資格は？

順位	資格名	票数
1位	フードアナリスト	125
2位	食育アドバイザー	83
3位	フードコーディネーター	76
4位	野菜ソムリエ	44
5位	ワインエキスパート	28
	その他	9

プレゼントサーチ、懸賞ナビ、Chance It!等インターネット調べ　2018年1月

●異性が取得していたら魅力的だと思う検定ランキング

順位	資格名	割合 (%)
1位	TOEIC・英検など	27.5
2位	秘書検定	15.5
3位	アロマテラピー検定	14.0
4位	ソムリエ	13.0
5位	フードアナリスト	11.0
	その他	19.0

C-NEWS編集部調べ

●取得した後、本当に役に立つ食の資格は？

順位	資格名	人数
1位	食生活アドバイザー	100
2位	フードアナリスト	93
3位	フードスペシャリスト	46
4位	惣菜管理士	34
5位	レストラン・サービス技能士	32
6位	その他（管理栄養士、栄養士など）	14

ワラウ. Jp、トレミー、大当たり. Jp等インターネット調べ　2018年1月

ます。フードアナリストの活動をサポートするためです。

　最近ではテレビや雑誌、新聞などで活躍するフードアナリストも増えています。テレビの食べ歩き番組のレギュラー出演者となっている人もいます。食のバラエティ番組などの解答解説などでは専門知識があって消費者にわかりやすく説明・解説ができるフードアナリストはとても重宝がられて、テレビ局のディレクターさんからの問い合わせ、出演依頼も多くいただくようになってきました。協会としてはとても喜ばしいことです。

　協会では「メディアに取り上げられるプレスリリースの書き方」「実感が伝わるフードライティングの技術」「フードビジネスで活躍するためのプロフィールの書き方」「フードビジネスパーソンのための日経新聞の読み方講座」「オーディションで落ちないノウハウ講座」など、たくさんのセミナーを恒常的に開催しています。

　会員の活動として「食育研究会」「フードツーリズム＆ガイド研究会」「商品開発研究会」「講師アカデミー研究会」「食と音楽の研究会」「外国人専任講師研究会」などの研究会があり、月に1回活動しています（一定の条件を満たせば会員同士で研究会を設立できます）。「2級連絡協議会」「1級連絡協議会」などの協議会、広報委員会や評議委員会のような委員会などの団体内組織を有し、食の資格団体としては、一番活動が盛んな団体の1つにまで成長しています。

資格を取ってからがスタート

　資格だけで食べる時代は終わりました。フードアナリスト資格も、取得しただけでは、基本的な知識はありますが、フードアナリストとしての仕事を実践するための知識やノウハウ、技術はまだまだ未熟です。これはどんな資格でも同じです。一流の資格であればあるほど、一人前になるには時間がかかります。資格取得した後、精進努力が必要です。多くの資格のように「趣味のため」「教養を高めるため」の資格を否定するつもりはありません。しかし私たちは、フードアナリストは「職業としての」資格でありたいと考え、運営しています。

　職業としての資格は、資格を取ってからがスタートです。

　また協会では「教育とは一生学び続けるための仕組みである。」と考えています。幸い、フードアナリストが対象としている食の学びは一生かかっても学びきれないぐらい広くて深い世界です。そして美味しくて楽しくて幸せになれる学びです。

何かをなすために必要なスキル —— ダイヤモンドを磨く

フードアナリストという資格は「趣味や教養としての自己研鑽」「社内での勤務評価を上げるため」に取得される人もいますが、協会としては、職業、副業としてのお金を稼げる資格であることを目標としています。

新規開拓営業こそが成功の近道

職業としての資格であるためには、取得したあと、一生懸命努力しなければいけません。フードアナリストという「個人事業主」となるわけですから、ビジネスを始めると考える必要があります。

ビジネスの根幹は営業です。

営業抜きのビジネスは滅多にありえません。

営業しないで成立するビジネスが簡単に見つかったら、それはたぶん詐欺です。世の中、そんなに甘くはありません。

フードアナリストとしてのあなたの、フードライターのスキル、インフルエンサーとしての付加価値、プレスリリースを中心とした広報、消費者目線に立ったコンサルティング、商品開発は、クライアントである飲食店や食品メーカーのニーズとコストさえ合えば受注することは可能です。実際、多くのフードアナリストが活躍しています。

もちろん**最大の商品はあなた自身です。あなた自身の商品価値を上げれば上げるほど、収入は上がります。**

フードアナリストの専門知識の勉強、フードライティング技術、マーケティングや経営の知識、自分のフードアナリストとしてのキャラクター作り、食に関する本の出版、フードアナリスト4級から3級への昇級チャレンジ、SNSやInstagramのフォロワー数、ブログのアクセス数、テレビや雑誌などのメディア出演歴、食の世界における消費者でありながら、プロデュースができるプロシューマーであること。

これらをどんどんアピールしてください。営業ですから、待っているだけで依頼がくるほど甘くはありません。特にスタートした当初は、やはり知名度も低いわけですから顧客からの紹介も望めませんので、新規開拓営業が必要です。

新規開拓営業は難しいですが、新規営業ができるようになると、顧客はどんどん増えますのでビジネスは成功します。

初めて会う人に対して営業しないといけません。新規営業のスタートは我慢の連続です。

営業を始めても、みんながフードアナリストを知っている、理解している人ばかりではありません。こちらが一生懸命、誠心誠意に対応しても、心ない言葉をかけてくる人も稀にいます。

　たくさんの人に会って、何度断られても提案を続ける姿勢がビジネスには大切です。数十人ぐらいの見込み客に断られて諦めているようでは、ビジネスの成功は難しいと思わなければいけません。多くのフードアナリストは、そういった新規営業での人脈作りを経て、現在活躍しているということを忘れてはいけません。

　ビジネスは甘くありません。誰かのせいにしてはいけません。

　常に明るく元気に前向きに。誠心誠意努力を続けていきましょう。

ダイヤモンドが輝く理由

「ダイヤモンドを磨くということは目に見えないたくさんの傷を作るということ。

　ダイヤモンドはダイヤモンドでしか磨くことができない。

　人は、良質な人によってのみ磨かれます。

　傷つくことは磨かれるということ。

　何かをなさんとする時は

　傷つくことを恐れてはいけない」

　ダイヤモンドは地球上で天然では一番硬い石です。金剛石ともいいます。

　一番硬い石ということは、他の石では磨くことは不可能です。ダイヤモンドはダイヤモンドでしか磨くことはできません。

　磨くという作業は、よく見たら、目に見えない無数の傷をつけることです。ダイヤモンドは傷つかないのではなく、無数の傷によって輝きを増す宝石なのです。

　人間は地球上で一番知的な生物です。

　一番知的ということは、他の何物によっても磨くことは不可能です。人間は人間でしか磨くことができません。

　新しいことを始める時、何かをなさんとする時、必ずしもうまくいくことばかりではありません。むしろうまくいかないことのほうが多いものです。

　うまくいかない時は、人によって磨かれていると考えて、ぜひ努力を続けてください。

　日本フードアナリスト協会は、頑張るフードアナリストを全力で支援・サポートをします。

フードアナリストの生き方 —— 品格と品位と品性と

日本フードアナリスト協会では、毎日を「明るく」「元気に」「前向きに」暮らしていくことを推奨しています。明るく、元気に、前向きに生きることができればありがたいことです。そしてほんの少しだけ「品位」のある生活を送りたいものです。

フードアナリストの品性4カ条

「品格」「品性」とは空気感のようなもので、「気高さや上品さ」のある様子を表します。

　上品な話し方、立ち居振る舞い、周囲への気遣い。品格を構成する要素はたくさんあります。協会では「フードアナリストの品性」について言及しています。

①「何を知っているかが知性。何をやらないかが品性」

　知識や技術、ノウハウを吸収することで、知性を高めることは可能です。しかし、状況や局面で、何をやってはいけないか、何をいってはいけないかを感じることができる能力が「品性」です。

　具体的な例をあげるならば、グランメゾンではドレスコードを守る、下駄で行かない、子どもは連れて行かない、差別用語や不快用語は使わない、誰かが大切にしているものは踏みにじらず尊重する、いじめに加わらない、多数決で決まったことには従う、反対意見も尊重する、などです。

②「品性とは毎日を丁寧に生きること」

　協会では「品性」とは、毎日の日常を丁寧に生きることと定義しています。人間関係も丁寧に。もちろん、必要以上に丁寧である必要はありません。

　お世話になったのなら、メールやLINEよりも電話、電話よりも手紙、手紙よりも実際に会ってお礼をいいます。メールもひとことだけでなく、近況や相手についての文章も付け加える。掃除をする時も、ほんの少し丁寧にいつもはやらない部分にまで行き届かせるようにします。

　今よりもほんの少しだけ丁寧に生活をする、というのが品性のある生き方の第一歩です。

③「品性とは、親しき仲にも礼儀ありのこと」

　品性のある生活とは「親しき仲にも礼儀がある」生活のことです。

「思いを示すということは、言葉と行動だけしかない」という言葉もあります。

いくら感謝をしていても、言葉にして、行動で示さなければ伝わるものではありません。

誕生日や結婚記念日、父の日、母の日など感謝を伝える日はたくさんあります。

毎日会っている家族であっても、「母の日」「父の日」「誕生日」「結婚記念日」などの大切な日はきちんと身繕いをして、食事をして、プレゼントを渡します。お金がなければカードでも構いません。そして感謝の気持ちを伝えてください。品性を育てるには、まず身近なところからがスタートです。「親しき仲にこそ礼儀あり」です。

④「日日是好日」

「日日是好日」は「にちにちこれこうにち」と読みます。

この言葉は中国の仏教書である「碧巌録」の中に出てきます。『碧巌録』（へきがんろく）は、中国の仏教書であり禅宗の語録です。

多くの臨済宗の専門道場においては、修行者が自分の悟境を深めるための公案集として用いられている禅宗の聖典です。その中の一節に「日日是好日」という言葉が出てきます。

（原文）	（読みくだし）
「碧巌録　第六則」 「挙。 雲門垂語云。 十五日已後道将一句来。 自代云。 日日是好日」	挙す、雲門垂語して云く、 「十五日已前 (じゅうごにちいぜん) は汝に問わず、十五日已後 (じゅうにちいご)、一句を道い将ち来られ (いっくをいいもちきたれ)」 自ら代わって云く、「日日是好日」 （解釈） 雲門は公案を挙げて、教示していう。 「今までの十五日間のことは問うまい。 これからの十五日間で一番大切だと考えたことを一言でいえ」 雲門自らいう。「日日是好日」

受け取り方によっては「毎日がよい日だ」くらいの意味と捉える場合もありますが、協会では「生きていることに感謝して毎日を丁寧に生きる」という言葉として考えています。

日々が好い日にしていこう、日々を丁寧に誠実に一生懸命生きていこう、という意味です。

フードアナリストはこの言葉を大切にしている方が多くいます。特に若い女性のフードアナリストの中には、この言葉を「座右の銘」にしている人も多くいるほどです。

「にちにちこれこうにち」と、「にち」という音が3回続くところが「にち」「にち」「にち」と、愚直に丁寧に誠実に日常を頑張っている感が出ていて、私は好きです。

命有るは難し今生きるは有難し

日本という豊かな国に生れ、フードアナリストとして活動・活躍ができるのは奇跡のように素晴らしいことです。生命の喜びを一生懸命に感じて、生命の素晴らしさを表現してください。

食糧があるという当たり前を考察する

　写真家ケビン・カーター氏が撮影した「ハゲワシと少女」はあまりにも有名で、1994年度に報道写真の世界のノーベル賞と呼ばれるピュリッツァー賞を受賞した作品です。

　撮影されたのは、当時内戦と飢餓に苦しんでいたアフリカのスーダン南部です。

　現場は、国連が食糧を配給している村から500メートルほど離れた場所。うずくまっている痩せ細った少女とその弱った少女を狙っているハゲワシ。

　この写真はニューヨークタイムスに掲載されて以来、大きな話題を呼びます。ケビン・カーター氏はピュリッツァー賞受賞という大きな名誉と引き換えに、世界中から大きな非難の声に晒されます。

「写真なんか撮っている間があるなら、なぜ少女をハゲタカから守らない！」

「こんなに痩せた少女にどうして食事を与えなかったんだ」

　ケビン・カーター氏は1994年にピュリッツァー賞を受賞した3カ月後に自ら命を絶っています。

　ケビン・カーター氏はもちろん写真を撮ったあと、ハゲワシは追い払いました。助けるよりも写真を撮ることを優先したわけでもありません。

　ケビン・カーター氏は知っていました。この少女のような飢餓に苦しむ人が、スーダンやアフリカ大陸には数千万人、数億人いることを。それはほんの「スーダンという最貧国に生れた」という偶然です。

　私たちは「日本」という豊かで民主的な先進国に偶然に生れました。国民のほとんどが「明日何を食べるか」を心配しなくてもいい国に生れたことは奇跡です。

　豊かな食文化を享受することは素晴らしいことです。芳醇な食文化を醸成していくことも、私たちフードアナリストの役割です。ただ、それは奇跡のように、日本という食にあふれている国に、「人間として」生まれてきたからです。素晴らしい祖父、祖母、父と母の元に生まれてきて、心身ともに健全に育ち、高等教育を受けて今があります。

　しかし、「たまたま」スーダンに生れていたらどうだったでしょう。今日食べるものがなく、

栄養が足りず痩せ細って、それでも数時間歩いて職業配給所まできます。ハゲワシに体力の尽きるのを待って狙われる暮らしをしているかもしれません。

　ですから頭の中の片隅にでも、「ハゲワシと少女」の世界がこの地球上にたくさん残されていることを思いとどめてほしいのです。

食糧があるという当たり前を考察する

> 「人間に生まるること難し
> 　　やがて死すべきものの
> 　　いま生命（いのち）あるは有難し」（法句経　182）
>
> （意訳）
> この世界には数えきれないほどの生命があり
> その中から人間として生まれてくることは
> 奇跡のように大変難しいことである。
> すべての生命は、やがてその生を終える運命にあるが、
> いまこの刹那、
> 私たちに生命があることは
> 本当にありえないぐらい難しいことである。

　第1章でも触れたこの発句経の言葉を、最後にもう一度、引用させていただきました。

　最後にもう一度「生命」の話をさせていただきます。

　私たちは「生命」をいただいています。私たち自身も生命です。

　生命が生命を包括し、一体化する営みが「食べる」ということです。

　生きることは食べること。食べることは生きること。

　私たちは生命を食べて命を永らえています。人間という生命の素晴らしい営みです。

　フードアナリストは「美味しさを伝える」プロフェッショナルです。

「美味しさ」とはこの本で見てきた通り、「味覚（味）」だけではなく、「味覚（味）」よりもむしろ、その食を取り巻く「情報」によって「美味しさ」は決まります。

　その情報を受信し、収集し、読み解いて、発信するのがフードアナリストの仕事です。

　食、つまり生命の素晴らしさを情報発信する仕事です。

私たちが奇跡のように生まれてきたこの世界は、生命の美しさ、力強さでキラキラと輝いています。

　フードアナリストは、その美しさ、力強さを、生き生きと表現し発信する仕事です。

　私たちの奇跡の生命を謳歌し、地球上の生命を尊んで敬う。

　協会の設立理念の「尊命敬食」というのは、そういう意味です。

食の美味しさ、素晴らしさを発信する

　この本の中で何度も書きましたが、「生きることは食べること」であり「食べることは生きること」です。

　人間は、一生のうち約9万回食事をすると考えられています。

●1年：365日×3食＝1095回

●80年間：365日×3食×80年＝87600回（※参考：平均寿命：男性81.41歳、女性87.45歳／2019年の平均寿命：厚生労働省2020年7月31日発表）

　あなたはあと何回食事をしますか。

　食べるという素晴らしい営みをフードアナリスト学を学んで、より豊かで素晴らしい時間にしませんか。

　あなたのまわりには、美しい食、逞しい食、力強い食、そして素晴らしい食があふれています。その1つひとつに生命の息吹を見つけて感じ、その美味しさ、素晴らしさを世界に発信してみませんか。一緒に誰も見たことがない新しい食のフィールドを創っていきませんか。

　私たち日本フードアナリスト協会は、フードアナリストとして活躍するあなたを全力で応援・支援する用意があります。

☕ column　フードアナリスト活躍の場広がる

　日本フードアナリスト協会も設立して16年が経過しようとしています。フードアナリストの認定会員、正会員(賛助会員企業の社員)は2万2000人を超えてきました。大手食品企業や大手食品商社をはじめ、空輸、鉄道、ホテル、ウェディング関係、飲食店だけではなく金融機関や総合商社や自動車販売、事務機器販売などにまで取得者層は広がってきています。

　フードアナリストの活躍は目覚ましく、商品開発分野では、10年前は「ファミリーマートのコンビニ弁当を監修」「有名和菓子店の新商品を命名&商品開発」などのプレスリリースをかなり忙しく発信していました。最近もフードアナリストが開発した料理や食品は数多くあります。

「グランメゾン東京」
DVD-BOX ¥22,800 (税抜)
Blu-ray BOX ¥28,800 (税抜)
2020年4月24日発売
製作著作・発売元：TBS　発売協力：TBSグロウディア　販売元：TCエンタテインメント

しかし、食品メーカーや食品商社の社員さんにフードアナリストが増えて、商品開発の現場で仕事をするのが珍しくなくなりました。おかげさまで、フードアナリストがメニューや食関係の商品の商品開発をすること自体が珍しくない、ニュースにならないぐらい浸透してきた感があります。

　テレビやラジオ、ネットメディアでの露出も、ほぼ毎日、フードアナリストが出演する番組があります。食のランキング番組のアンケートお手伝いや、クイズ番組の食の解説ビデオ出演、バラエティ番組の解説やコメンテーターなどでフードアナリストが活躍する場面が増えてきました。食べ歩き番組のレギュラーメンバーに登用されたフードアナリストもいます。ここ数年、ドラマにおいても登場人物が持っている資格として取り上げられています。

　『100の資格を持つ女〜ふたりのバツイチ殺人操作』(朝日放送)では、渡辺えりさんが扮する主役の持つ資格の1つとして登場。有名レストランの料理を詳しく知っていることで事件解決に関係します。また2019年の大ヒットドラマ『グランメゾン東京』(TBSテレビ)では、木村拓哉さん演じるシェフを支える役柄である久住栞奈役を中村アンさんが演じて話題になりました。役柄の久住栞奈は、1級フードアナリスト資格を持っている元敏腕フードライターという設定でした。

　最後に大学生・短大生・専門学校生の間で、「就職に有利な食の資格」としてフードアナリスト4級・3級の受験者が急増しています。数年前にネット調査で「食の資格で就職に有利だと思う資格ランキング」(国家資格除く)で1位になったランキング表がきっかけです。

　協会スタッフは、各企業に対してマメに訪問して「フードアナリスト資格は時間と労力とお金がかかっている資格」で「真面目に勉強している」学生さんを採用して欲しい、と企業にお願いをしています。協会推薦状や就職のための人脈紹介も積極的です。資格団体では珍しいといわれます。こうした努力がじわじわと成果を上げてきているのではないかと思っています。今後も、学生さん、転職希望者の皆さんに対しての支援は力を入れていきます。1人でも多くの就職・転職希望者が、食関係の企業で能力を活かして働けるように、スタッフ一同、力を合わせて支援しますので、安心してフードアナリスト資格に挑戦してください。

【著者】

横井裕之

日本フードアナリスト協会理事長
1964年生まれ。鳥取県出身。立命館大学経営学部卒業後、日興證券株式会社
(現SMBC日興証券株式会社) 入社。15年勤務後、独立。コンサルタント会社設
立後、2005年日本フードアナリスト協会を設立、理事長就任。食の情報発信の専
門家「フードアナリスト」の育成に尽力している。
フードアナリスト正会員は2万2000人、賛助導入企業は400社超。フードアナリスト
は食の資格の中では日本最大規模で最難関資格といわれるまでに成長。
著書に『儲かるマネー、損するマネー ~騙されないための運用術』『「五輪書」に
学ぶお金の増やし方』『7人のザ・サムライ経営者』(以上、廣済堂出版) など。
著作&監修『フードアナリスト検定4級教本~1級教本 (全10冊)』(学研)、『真鍋
と学ぶフードアナリスト入門 楽しい食の世界』(KADOKAWA) など多数。

(社)日本フードアナリスト協会
Japan Food Analyst Association Certified
ホームページ http://www.foodanalyst.jp/
〒102-0082 東京都千代田区一番町15-8 壱番館5階
TEL：0120-650-519 (営業時間：平日 9:00~18:00)

「食」情報インフルエンサーの教科書

フードアナリスト公式テキスト 4級副読本

2021年2月28日 初版第1刷発行
2024年6月15日 初版第3刷発行

著 者 横井裕之
発行者 小宮英行
発行所 株式会社 徳間書店
　　　　〒141-8202 東京都品川区上大崎3-1-1 目黒セントラルスクエア
　　　　電話 【編集】03-5403-4350 【販売】049-293-5521
　　　　振替 00140-0-44392

印刷・製本 図書印刷株式会社